Dem eigenen Rhythmus auf der Spur

Zur Psychologie des Wanderns

von

Andrea Deisen

Tectum Verlag
Marburg 2002

Die Deutsche Bibliothek - CIP-Einheitsaufnahme

Deisen, Andrea:
Dem eigenen Rhythmus auf der Spur.
Zur Psychologie des Wanderns.
/ von Andrea Deisen
- Marburg : Tectum Verlag, 2002
ISBN 978-3-8288-8390-1

Tectum Verlag
Marburg 2002

Inhaltsverzeichnis

THE HOST OF THE AIR

Then he heard it,
High up in the air.
A piper piping away.
And never was piping so sad.
And never was piping so glad.

William Butler Yeats

Einleitung

ALLEINWANDERUNG

Ich habe das Gefühl,
nicht innerhalb meiner Grenzen,
sondern über sie hinaus
in ein unbekanntes Land
hineinzulaufen;
mit fremden Regeln und Gesetzen,
die ich zwar akzeptieren werde,
denen ich gleichwohl gänzlich ausgeliefert bin.
Dieses Land, das mich trägt.

Andrea D.

Thema dieser Arbeit sind Alleinwanderungen von Menschen im Urlaub. Vom Interesse wissenschaftlicher Freizeitpädagogik weitgehend unbemerkt hat sich in den letzten Jahren zunehmend ein Trend dahingehend entwikkelt, daß Menschen bewußt längere Wanderungen im Urlaub alleine durchführen. Unklar ist, ob dieses Phänomen auf eine Gruppe von Einzelgängern beschränkt bleibt. Dies herauszufinden ist jedoch nicht Anspruch der Arbeit. Beabsichtigt ist vielmehr, Motivation und Erfahrungen von Alleinwanderern zu beschreiben und in Zusammenhang mit hierfür relevanten Themen zu diskutieren. Welches sind die Beweggründe, sich ohne Begleitung eines Anderen für eine längere Zeit auf Wanderschaft zu begeben? Welche Erfahrungen gewinnen Alleinwanderer unterwegs im Vergleich zu ihrem Alltagsleben? Wovor haben sie Angst, was vermittelt Ihnen Gefühle von Sicherheit angesichts der Unvorhersehbarkeit einer Wanderung? Um erste Antworten auf diese Fragen zu erhalten, wurden Interviews mit Menschen durchgeführt, die eine Alleinwanderung über einen Zeitraum von mindestens sieben Tagen hinweg in wenig zivilisierte Gebiete hinein unternommen haben.

Der Begriff des Wanderns wird häufig für die Beschreibung eigentätig hervorgebrachter Veränderungen verwandt. Seien es nun durch das Reisen zu Fuß bedingte Ortsveränderungen oder auch Wanderung im Sinne innerpsychischer Entwicklungsprozesse: Wandern schließt den Tatbestand des Stillstandes zunächst aus. Die Weite der Metapher des Wanderns wird im Laufe der Arbeit auf den Bereich des Alleinwanderns eingeschränkt. Gleichwohl ist beabsichtigt, am Beispiel des hier eingegrenzten Themengebietes Wanderungen als mögliche Wandlungsprozesse zu beschreiben. Vermutet wird, daß die Tätigkeit der äußerlichen Fortbewegung Denkprozesse eines wandernden Menschen in Gang zu setzen vermag. Beides, tatsächliches Reisen zu Fuß und die Bereitschaft des Sich-Einlassens auf neue, bisher unbekannte Erfahrungen seiner selbst sind Merkmale von Alleinwanderungen, die in wechselseitiger Beziehung zueinander stehen.

Wandern in der konkret gegenständlichen Wortbedeutung beschreibt Vorgänge des In-Bewegung-Seins und Reisens. Daneben existiert das Bild des Wanderns als Beschreibung von Veränderungsprozessen und einer geistig-seelischen Wandlungsbereitschaft. Es ist Ziel der Arbeit, die Erweiterung der ersten, konkreten Wortbedeutung auf das Bild der zweiten anhand der Darstellung von Alleinwanderungen beispielhaft vorzustellen. Zu fragen ist, ob und inwieweit die Fortbewegung eines Menschen zu Fuß Einfluß auf dessen innere Gemütszustände hat und was Folge dessen sein kann. Menschen, die sich im Urlaub ohne Begleitung eines Anderen auf Wanderschaft begeben, bedürfen einer Bereitschaft hinsichtlich unbekannter Erfahrungen und einem Verlassen bekannter Alltagsgewohnheiten. Wanderungen alleine bergen stets Möglichkeiten von Gefahr und Unsicherheit in sich. Gleichzeitig werden sie als Prozesse verstanden, in denen ein Mensch zu sich selbst zu kommen vermag durch die Reduktion auf die eigene Person und die ihn umgebende Landschaft. Solches kann Voraussetzung inneren Wachstums und kreativer Schaffensprozesse sein.

Es ist anzunehmen, daß auf einer sich über mehrere Tage erstreckenden Alleinwanderung eine Eigendynamik des Gehens entsteht. Alleinwandern beinhaltet zudem eine Konzentration auf die Tätigkeit des Gehens, dem

Erleben der eigenen Person in der Eigenbewegung und einem Ausgeliefertsein an die äußeren Gegebenheiten. Die Wahrnehmung seiner selbst und
der Natur wird dadurch verstärkt. Insofern kann sich eine Alleinwanderung
zu einer Erfahrung seiner selbst in der Vorwärtsbewegung des Gehens gestalten. Dieses wird mit "dem eigenem Rhythmus auf der Spur" umschrieben und bezeichnet im Optimalfall einen Prozeß zunehmender ganzheitli-
cher (Selbst-)Wahrnehmung.

Die Arbeit ist dergestalt gegliedert, daß im ersten Teil der Begriff des
Wanderns definiert und auf den hier untersuchten Bereich des Alleinwanderns eingegrenzt wird. Dem folgt eine Darstellung der angewandten For-
schungsmethode und des sich daraus entwickelnden Forschungsprozesses.
Im zweiten Teil werden die erhobenen Interviews in ihrer jeweiligen subjektiven Besonderheit vorgestellt und innerhalb ihrer Aussagen interpretiert. Da Wandern als Möglichkeit von Selbsterfahrung verstanden wird,
gilt es dies in seiner jeweiligen Individualität vorzustellen. Der Hauptteil
befaßt sich in Kapitel fünf bis acht mit für Alleinwanderungen wesentlichen Themengebieten. Unter Zuhilfenahme relevanter Literatur unterschiedlicher Fachbereiche werden Wanderungen ohne Begleitung auf vorgefundene Gemeinsamkeiten hin untersucht. Das heißt, die anhand der
Interviews gewonnenen Erkenntnisse werden verallgemeinert. Es ist zu bedenken, daß die gewonnenen Aussagen zwar im Bereich der erhobenen
Interviews gültig, jedoch nicht generell repräsentativ sind. Alleinwanderungen können wie hier beschrieben verlaufen, müssen es jedoch nicht. Einem möglichen Potential von Alleinwanderungen jedoch einsichtig zu
werden ist Ziel der Arbeit.

1. Zum Begriff des Wanderns

So wie sich Bildung ein ganzes Leben nicht erschöpft, so ist Wandern auch nicht eine Sache einmaligen Erlebens, sondern eine Frage der Gestaltung eines ganzen Lebens.

Georg Fritz Richter

1.1. Definition

Wandern wird im Zusammenhang dieser Arbeit als eine längerandauernde, gleichmäßige und rhythmische Gehbewegung beschrieben. Das Wort selbst entwickelte sich aus dem westgermanischen mhd. Verb 'wanderen'. Dieses ist verwandt mit dem ahd. 'wantõn' = 'wenden' und steht in herkunfts-geschichtlicher Beziehung zu den Verben 'winden' und 'wenden'. Somit kann 'wandern' von seiner ursprünglichen Wortbedeutung her mit 'wieder-holt wenden' umschrieben werden. Bedeutungsgeschichtlich verwandt ist 'wandern' mit dem ahd. Substantiv 'wantalon' = 'Wandel'.[1] Diese Definition, die eine rein körperliche Fortbewegungsart beschreibt, verweist auf den Prozeß der Vorwärtsbewegung (→). Aufgrund der Wortverwandschaft mit 'winden' und 'wenden' ist dies jedoch nicht nur ein gradliniges Vorwärtsge-hen, sondern ein Hin- und Herwenden im Heben und Senken der Füße. Solches verweist auf einen Rhythmus des Gehens, welcher an anderer Stelle beschrieben wird.

Wandern im Sinne einer Standortveränderung wird als ein Vorgang des Reisens verstanden. Somit ist Wandern nicht mehr zweckgebunden an Be-ruf, Flucht oder eine Lebensform, wie beispielsweise die der Nomaden. Vielmehr ist es zumindest im hiesigen Kulturkreis zu einer Tätigkeit des

---

[1] Friedrich Kluge. Etymologisches Wörterbuch der deutschen Sprache. 21. Auflage. Berlin, New York 1975, S. 837.

Vergnügens mit dem Ziel der Erholung geworden. Wanderungen finden immer in einem Freiraum statt, zumeist am Wochenende oder im Urlaub.

Abgesehen von der konkret-gegenständlichen Bedeutung des Begriffes 'wandern' wird dieser in zahlreichen Bildern und Metaphern benutzt. Sämtliche Bedeutungsfelder des Wortes zu erörtern, würde den Rahmen der Arbeit bei weitem übersteigen. Verwiesen sei jedoch auf das Bild des Wanderers in Texten von Fontane, Hesse, Hölderlin oder in der neueren Literatur Thomas Rosenlöchers.[2] Zweifellos besteht ein enger Zusammenhang zwischen der Bewegung des Gehens und dem kreativen Schaffensprozeß einer Texterstellung. Zudem wird das Bild des Wanderns in der Literatur häufig für Prozesse der Veränderung verwandt. So beschreiben Entwicklungsromane wie Goethes 'Wilhelm Meisters Lehr- und Wanderjahre' die Protagonisten als in Wandlungsprozessen befindliche Menschen, die sich sowohl rein äußerlich als auch in ihrer inneren Entwicklung auf Wanderschaft begeben haben.

Auch der Einfluß des Wanderns auf die innere Verfassung eines Menschen läßt sich von der Wortetymologie herleiten. Das Partizip 'bewandert' beschreibt einen Menschen mit umfangreichem Erfahrungsschatz und hieß vom ursprünglichen Bedeutungszusammenhang her seit dem 17. Jahrhundert 'vielgereist'. Dies belegt den Zusammenhang von Erfahrungsaneignung und Unterwegssein. Zudem verweist die Partizipform auf den Prozeßcharakter dieser Wissensaneignung und den hierfür notwendigen Zeitraum. Es erscheint von daher naheliegend, daß Wanderungen im Sinne von körperlicher Fortbewegung im Idealfall psychische Wandlungsprozesse beschreiben können.

---

[2] Thomas Rosenlöcher: Die Wiederentdeckung des Gehens beim Wandern. Harzreise. Frankfurt am Main 1991

1.2. Von einer Lebensform zur Freizeitbeschäftigung

Psychiater, Politiker und Tyrannen versichern uns ohne Unterlaß, daß ein Wanderleben eine anomale Verhaltensweise sei, eine Neurose, eine Form unbefriedigten sexuellen Verlangens, eine Krankheit, die im Interesse der Zivilisation ausgerottet werden müsse.(...)Und doch hat der Ferne Osten die einst in der ganzen Welt gültige Vorstellung beibehalten, daß Wandern die ursprüngliche Harmonie wiederherstelle, die einst zwischen Mensch und Universum bestanden hat.

Bruce Chatwin, Traumpfade

Seit jeher gibt es Menschen, die wandern. Es ist anzunehmen, daß die Lebensweise des Umherziehens Teil der menschlichen Entwicklungsgeschichte ist. Archäologische Funde in der Sahara weisen darauf hin, daß zwischen dem 6. und 5. Jahrtausend vor Chr. ein Übergang vom Umherwandern hin zur Seßhaftigkeit stattgefunden hat. Dieser als Neolithische Revolution bezeichnete Wandel weg vom Nahrungssammeln hin zur Nahrungsproduktion begründete das Entstehen von Landwirtschaft und Seßhaftigkeit. Vor dem Zeitalter des Neolithikums (= Jungsteinzeit) ernährten sich die Menschen mit Hilfe der Jagd und dem Suchen von Nahrung, waren also nicht an einen festen Wohnsitz gebunden. Erst durch die Herausbildung zivilisatorischer Lebensformen wurde der Mensch zur Seßhaftigkeit gezwungen.[3] Demzufolge waren wandernde Jäger und Sammler bis in die Ära der mittleren Steinzeit vorherrschend.

Auch in der heutigen Zeit existieren Völker, deren gesamte Lebensweise die des Umherziehens ist. Solches geschah früher ausschließlich zu Fuß, später mit Hilfe von Reittieren wie Kamel oder Pferd. Heute dagegen trei-

---

[3] vgl. Bernhard Streck (Hrsg.): Wörterbuch der Ethnologie, Köln 1987, S. 244

13

ben beispielsweise die Lappen ihre Rentierherden in Nordskandinavien mit dem Motorschlitten an. Die Existenzform der Nichtseßhaftigkeit haben nomadische Völker trotz moderner Fortbewegungsmittel bis in die Gegenwart hinein beibehalten. Gerade in Nordafrika gibt es immer noch zu Fuß wandernde Stämme. Auch wird bei den Arabern 'arab' mit 'Bewohner von Zelten' übersetzt. Und in zahlreichen Nomadenkulturen wird der Mensch als 'einer, der auf Wanderungen geht' definiert.[4]

Ein Kennzeichen zivilisatorischer Kulturen stellt die Domestizierung von Tieren dar. Dies belegt, daß die Lebensweise der Nomaden keine Vorstufe seßhafter Völker, sondern eine hieraus entstandene Folgeentwicklung ist. "Das Wort Nomade leitet sich vom griechischen nomós ab – eine Weide. Ein Nomade ist im eigentlichen Sinn ein wandernder Hirte, der Besitzer und Züchter domestizierter Tiere. Einen wandernden Jäger als 'Nomaden' zu bezeichnen heißt, die Bedeutung des Wortes mißzuverstehen. Das Jagen ist eine Methode, Tiere zu töten, das Wandern des Nomaden eine Technik, sie am Leben zu erhalten. Die Psychologie des Jägers unterscheidet sich so sehr von der des Nomaden, wie sich die Psychologie des Nomaden von der des Pflanzers unterscheidet. Das Nomadentum ist in weiten Räumen entstanden, auf Böden, die zu unfruchtbar waren, als daß sie von Bauern gewinnbringend genutzt werden können. Savanne, Steppe, Wüste und Tundra – sie alle können eine Tierpopulation ernähren unter der Voraussetzung, daß sie sich bewegt. Für den Nomaden ist Bewegung Moral. Ohne Bewegung würden seine Tiere sterben. Der Pflanzer dagegen ist an seinen Acker gekettet; verläßt er ihn, vertrocknen seine Pflanzen."[5] Nomaden sind zudem auf die bäuerliche Lebensform zwecks Tausch von Lebensmitteln angewiesen. Jedoch ist die Existenzgrundlage von umherwandernden Hirten nicht der Besitz von Land, sondern das Nutzungsrecht von Weiden zwecks Ernährung ihrer Herde. Auch gibt es keine von Nomaden gegrün-

---

[4] vgl. Bruce Chatwin: Nomadeninvasionen. In: Was mache ich hier. München, Wien 1991, S. 222-238
[5] ebd. S. 225f

14

dete Staaten. Besitz spielt für sie nur insofern eine Rolle, als daß er ihre Lebensgrundlage sichert – und tragbar ist.

In der heutigen Zeit finden sich Nomadenstämme vorrangig in Nordafrika, so die Tuareg in der Sahara, die Massai in Kenia, aber auch die Quashgai im Iran. Aufgrund zunehmender Dürre wird jedoch die Existenzgrundlage nordafrikanischer Hirtenstämme dermaßen bedroht, daß sie immer häufiger zu zeitweiliger Seßhaftigkeit verbunden mit Berufswechsel gezwungen werden. Auch nehmen die zurückgelegten Entfernungen in dieser Region aufgrund der Ausbreitung von Wüstengebieten und der erfolglosen Suche nach Weideplätzen immer mehr zu. Folge hiervon sind Grenzüberschreitungen und kriegerische Auseinandersetzungen mit benachbarten, seßhaften Völkern.

Läßt man das Problem von Migration als Notwendigkeit von Flucht oder Auswanderung außer acht, stellt sich die Frage nach der Motivation nomadischer Lebensweisen. Warum gingen nomadische Stämme nicht längst zur Seßhaftigkeit über, bietet diese Art von Leben doch weitaus größere Bequemlichkeiten als die des ständigen Ortswechsels? Chatwin, ein durch die Welt gewanderter Archäologe und Schriftsteller behauptet, Migration sei ein ritueller Vorgang, der aufgrund des wiederholten Auf- und Abbrechens des Lagers immer wieder einen Neuanfang darstelle. Zudem weist er darauf hin, daß Nomaden irreligiöse Völker seien. "Und angenommen, Religion wäre eine Antwort auf Angst, dann müßte das Nomadentum eine grundlegende menschliche Sehnsucht befriedigen, was Seßhaftigkeit nicht tut."[6] Dies ergänzend behaupten Ethnologen, die Lebensform der Nomaden diene auch der Flucht vor sozialen Problemen: Eine Erklärung, warum Menschen oder ganze Völkergruppen wandern, beschreibt "eines der ältesten Wandermotive in ungebrochener Wirksamkeit: die Flucht vor Schwierigkeiten mit der sozialen Umwelt."[7]

---

[6] ebd. S. 227
[7] Streck, 1987, S. 246

Als Beispiel für wandernde Jäger seien die australischen Aborigenes genannt. Dieses Volk weist mit einer Geschichte von mindestens 40.000 Jahren eine spezifische Wandermythologie auf. Nach Vorstellungen der Aborigenes wurde die Welt durch umherwandernde Ahnen erschaffen, indem diese die wahrgenommenen Dinge singend benannten. Die Gestaltung der Welt durch Benennung ihrer Erscheinungen geschah auf Durchquerungen des australischen Kontinentes. "Auf ihren ausgedehnten Traumzeitwanderungen durch die Weite des australischen Kontinents erschaffen die mythischen Vorfahren die natürliche Umwelt: Fallengelassene Haargürtel werden zu Gebirgsketten, Flüsse und Wasserlöcher entstehen durch Urinieren, Speere und Speerschleudern verwandeln sich in Bäume und Felsen, Höhlen und Schluchten werden durch das Hervorbrechen eines Heroen aus der Erde, oder das Nachschleifen von Gegenständen in den Boden gegraben."[8] Diese als sog. 'songlines' bezeichneten Pfade sind für einen Aborigene noch heute aufgrund einer jeweils zugehörigen Melodie zu identifizieren. So erhält das Wandern auf diesen Pfaden rituellen Charakter.

Im Mittelalter bot das Reisen zu Fuß Erfahrungsanreicherung und Erkenntnisgewinn durch das Kennenlernen unbekannter Regionen und Länder. So erwanderte Dante zu Ende des 13.Jahrhunderts den Appenin und legte anschließend seine Erfahrungen schriftlich nieder. Papst Pius II erkundete in der ersten Hälfte des 14.Jahrhunderts das Albanergebirge.[9] Diese Formen von Wanderungen hatten keine ökonomischen Ziele, dienten also nicht dem Handel oder kriegerischen Fortbewegungen, sondern waren Bildungsreisen (bezeichnet als sog. Apodemik[10]).

In Zusammenhang mit den Schriften Rousseaus zur Natur wurde selbige nicht mehr als das menschliche Überleben vorrangig gefährdend angese-

---

[8] Herbert Boltz: Australische Mythologie. In: B. Wongar: Spuren der Traumzeit. München 1991, S. 138

[9] Konrad Schubach: Wandern - sinnvolle Freizeit, Gesundheit und Freude. In: Wandern – Werden, Wesen und Bedeutung. Siegen 1985, S.6f

[10] Streck, 1987, S. 246

hen. Weiterhin war Natur durch die Herausbildung städtischer Lebensformen nicht mehr selbstverständlicher und alltäglich erlebter Lebensraum. Wandern als Freizeit- oder Bildungsbeschäftigung gestaltete sich fortan zu einer Entdeckung des sog. Naturschönen. Seit Beginn der Neuzeit und insbesondere in der Romantik um 1800 wurde Wandern zum Inbegriff von Naturerfahrung schlechthin.

Mitte des 19.Jahrhunderts entstanden in zahlreichen Ländern Wandervereine, so in Deutschland der Alpenverein 1869. Wandern wurde zunehmend mit politisch-nationalen Zielen und pädagogischen Idealen verbunden. 1895 wurde die Jugendbewegung des sog. Wandervogels von Hermann Hoffmann begründet. Diese Vereinigung barg ein für die Nationalsozialisten derart kritisches Potential, daß sie 1933 gleichgeschaltet und dadurch faktisch aufgelöst wurde.[11]

In der heutigen Zeit scheint Wandern in hiesigen Kulturkreisen zu einer reinen Freizeit- und Urlaubsbeschäftigung degradiert zu sein. Wandern wird in Umfragen als eine der beliebtesten Freizeitbetätigungen in der berufstätigen Bevölkerung genannt.[12]

Zusammenfassend ist festzustellen, daß die Tätigkeit des Umherwanderns als Lebensform zu einer Möglichkeit der Bildung und Erkenntniserweiterung in Form des Reisens im Mittelalter wurde. Dieses wandelte sich dann zum Wandern als Möglichkeit der Naturerfahrung und beschränkt sich heute im hiesigen Kulturraum vornehmlich auf den Freizeitbereich.

---

[11] u. a. stammten zahlreiche Wiederstandskämpfer und Kritiker des Nationalsozialismus wie z.B. die Geschwister Scholl aus der Bewegung des Wandervogels

[12] vgl. Kurt Biener: Leistungswandern und Sportmedizin. Sport Praxis 3/89, S. 46

1.3. Forschungsstand

Die Tätigkeit des Wanderns fällt in den Zuständigkeitsbereich von Freizeitpädagogik und Sportwissenschaft. Letztere bezeichnet Wandern als gesundheitsfördernde Freizeitaktivität. Da solches nahezu in jedem Alter praktiziert werden kann, gilt es als vorbeugende Aktivität gegenüber weit verbreiteten Bewegungsmangelerkrankungen, den sog. Hypokinetosen. Wandern wird somit als in der hiesigen Bevölkerung beliebteste Aktivität im Bereich des Breitensports gefördert. Sportwissenschaftler bezeichnen zudem ab einer Pulsfrequenz von 120 Schlägen pro Minute Wandern als Leistungswandern.[13] Von dieser Frequenz an können durch das länger dauernde Gehen Trainingseffekte hinsichtlich der Kondition und Ausdauer erzielt werden. Dies führte dazu, daß 1975 Wandern in der ehemaligen DDR als eigenständige Sportart anerkannt und finanziell gefördert wurde.

In der einschlägigen Literatur finden sich zahllose Wanderratgeber mit Tourenvorschlägen. Neben diesen populärwissenschaftlichen Arbeiten wird Wandern in der Fachliteratur kaum berücksichtigt. Solches war zu Anfang des Jahrhunderts anders. In den Jahren zwischen 1900 bis 1935 war Wandern sehr wohl Gegenstand wissenschaftlichen Interesses.[14] Im Zusammenhang mit der Jugendbewegung des Wandervogels existierten zu jener Zeit regelmäßig erscheinende Zeitschriften und Bücher zum Thema Wandern. Wandern wurde als das Heimatgefühl und Nationalitätsbewußtsein fördernd angesehen. Zudem galt es als essentieller Bestandteil in der Jugendarbeit und erhielt teilweise ideologisch-politische Bedeutung.

In heutigen repräsentativen Stichprobenumfragen wird Wandern als eine der beliebtesten Freizeitaktivitäten genannt.[15] Zu bedenken ist hierbei, daß

---

[13] vgl. Biener, 1989, S. 46

[14] vgl.Fritz Eckard: Wandern. Berlin 1926

[15] vgl. Wilhelm-Münker-Stiftung (Hrsg.):Wandern – Werden, Wesen und Bedeutung. Heft 9. Siegen 1985, S.10

bereits längere Spaziergänge hinzugezählt werden. Gerade im mittleren Lebensalter zwischen 40 und 60 Jahren erfreut sich das Wandern größter Beliebtheit. So existieren vorzugsweise in Städten zahlreiche Wandervereine, in denen neben der sportlichen Aktivität auch Geselligkeit und Naturerfahrung wesentliche Bedeutung erlangen. Interessant ist die Tatsache, daß offensichtlich in der Stadt lebende Menschen im Gegensatz zu Dorfbewohnern Wandern als Freizeitbeschäftigung bevorzugen. Zu vermuten ist, daß der Erholungswert des Wanderns für Städter im Vordergrund steht. Das Bedürfnis nach Ruhe, sauberer Luft und das Erleben von Landschaften dient als Ausgleich für städtisches Alltagsleben. Weiterhin gelten Gruppenwanderungen für die Freizeit- und Schulpädagogik als pädagogisch wertvolle Unternehmungen, da sie z.B. den Sozialverband einer Schulklasse stärken und hohen gemeinsamen Erlebniswert von Gruppe, Aktivität und Naturerlebnis aufweisen. Besonders in der Schulpädagogik wird Wandern als hervorragende Möglichkeit der Naturentdeckung und der Erziehung des Menschen als soziales Wesen innerhalb eines Klassenverbundes verstanden.[16] Dagegen werden Alleinwanderer, wenn überhaupt erwähnt, in der Literatur negativ bewertet. Sie gelten als risikofreudige Einzelgänger.

Wandern in Form eines sog. Aktivurlaubes wird ausschließlich in Reiseführern erwähnt. Hier finden sich Tourenvorschläge und Tips zum Verhalten bei Schlechtwetter oder schwierigem Gelände. In den meisten Verhaltensvorschlägen wird regelmäßig vor Wanderungen ohne Begleitung gewarnt. Das Risiko eines möglichen Unfalles dient hierzu als Begründung. Es finden sich keine Studien über Art und Häufigkeit von Alleinwanderungen. Zu vermuten ist, daß die Zahl derer, die solches tun, größer als angenommen ist. Allein im Kölner Raum fanden sich auf die ausgehängten Interviewgesuche sowie über Mundpropaganda bis an die fünfzig Menschen,

---

[16] vgl. Christian Jülich: Schulwanderungen und Schulfahrten in Nordrhein-Westfalen - Die neuen Wanderrichtlinien mit Empfehlungen aus der Praxis des DJH. Düsseldorf 1984

die hinsichtlich ihrer Erfahrungen mit Alleinwanderungen zu einem Interview bereit gewesen wären.

Dieser Tatbestand der fehlenden Berücksichtigung von Alleinwanderern in der wissenschaftlichen Fachliteratur ist hinreichender Anlaß und Begründung für die Notwendigkeit der vorliegenden Arbeit. Es fand sich weder im deutsch-, noch englischsprachigen Raum eine Monographie oder Aufsatz explizit über den Bereich des Alleinwanderns. Zwar existieren zahllose Erfahrungsberichte von Extrembergsteigern, wie beispielsweise Reinhold Messner. Dessen Suche nach Extremerfahrungen mit lebensgefährlichem Risiko hat jedoch wenig gemein mit Motivationen und Erlebnissen von Alleinwanderern. Demzufolge gilt das Bemühen dieser Arbeit einer ersten Hypothesengenerierung über den genannten Bereich. Ziel und Aufgabe ist es, Forschungsfragen im Zusammenhang mit dem Phänomen des Alleinwanderns zu erstellen und unter Hinzunahme hierfür relevanter Literatur zu diskutieren. Vorliegende Arbeit ist zudem keine Studie, die auf den Bereich der Psychologie beschränkt bleibt. Zwar werden psychologische Ansätze wie die von Erich Fromm berücksichtigt. Auch ist die Methodik der Datenerhebung dem Bereich der psychologischen Forschung entnommen. Gleichwohl bedarf es eines Einblickes in germanistische, sportwissenschaftliche oder ethnologische Literatur, um dem Thema des Wanderns gerecht zu werden. Insofern handelt es sich hierbei um eine interdisziplinär angelegte Arbeit, die jedoch sofern als möglich psychologische Schwerpunkte zu setzen bemüht ist.

2. Methodik

Die vorliegende theoretisch-empirische Arbeit benutzt als Grundlage ihrer Aussagen einschlägige Fachliteratur zu den jeweiligen Themen sowie explizit für die Arbeit durchgeführte Interviews. Da über das zu behandelnde Thema des Alleinwanderns nur wenig Literatur vorliegt, erschien der Rückgriff auf individuelle Erfahrungsberichte einzelner Personen notwendig und sinnvoll.

2.1. Qualitative Sozialforschung

Qualitative Sozialforschung definiert ein Interview als Kommunikationsprozeß zwischen Interviewer und zu Befragendem. Soziale Wirklichkeit wird "als durch Interpretationshandlungen konstituierte Realität" verstanden.[17] Der Forschende ist in den Kommunikationsprozeß involviert, eine sog. objektive Erhebungssituation existiert demnach nicht. Die soziale Wirklichkeit einer Interviewsituation wird im Sinne des Symbolischen Interaktionismus durch die Interpretation der Beteiligten definiert, das heißt, die Dinge existieren nie für sich, sondern bestehen immer nur als mit Bedeutung versehene Realitäten.[18] Dies berücksichtigend fordert qualitative Sozialforschung u.a. Reflexivität von Gegenstand und Analyse, Flexibilität des Forschers und Berücksichtigung der Relevanzsysteme der Betroffenen. Gemeint ist hiermit der ständige Bezug des Gesagten auf den Gesamtzusammenhang eines Interviews.[19] Aussagen dürfen demnach nicht unabhängig von dem Entstehungs- und Konnotationshintergrund des Interviewten benutzt werden. "Die qualitativen Methoden hingegen lassen die Unter-

---

[17] Siegfried Lamnek: Qualitative Sozialforschung. Band 1. Methodologie. München, Weinheim 1988, S.43

[18] ebd. S.49

[19] vgl. Siegfried Lamnek: Qualitative Sozialforschung. Band 2. Methoden und Techniken. München, Weinheim 1989, S. 25

suchten selbst zu Wort kommen, der Forscher hält sich theoretisch und methodisch zurück. Nicht das, was er für wichtig und relevant hält, wird zum Gegenstand gemacht, sondern die Relevanzsysteme der Betroffenen determinieren Forschungsgegenstand, Forschungsablauf und Forschungsergebnisse. Der Forscher ist eher rezeptiv-stimulierend als suggestiv determinierend."[20]

Im Sinne eines "theoretical samplings"[21] wurden sechs für das Thema geeignet erscheinende Probanden ausgesucht und bezüglich ihrer Erfahrungen mit Einzelwanderungen interviewt. Die Auswahl erfolgte über Aushänge in Ausrüstungsgeschäften sowie durch Mundpropaganda. Die Personen waren der Interviewerin zuvor nicht bekannt, was eine in dieser Hinsicht tendierende Verfälschung der Berichte ausschließt. Bedingung für ein Interview war, eine Alleinwanderung über einen Zeitraum von mindestens sieben Tagen hinweg in einem wenig besiedelten Gebiet durchgeführt zu haben. Es wurden einige wenige spezifische Einzelfälle dahingehend untersucht, welche Erfahrungen mit Alleinwanderungen gewonnen wurden. Die induktive Vorgehensweise erlaubt keine Verallgemeinerung der vorgestellten Ergebnisse, ist somit also nicht repräsentativ.[22] Absicht ist jedoch, bestimmte Menschentypen in ihren jeweiligen Handlungsweisen zu verstehen und zu beschreiben, derart, daß Einblicke in menschliche Eigentümlichkeiten und Singularitäten möglich sind. "Mithilfe von theoretical sampling ist es aber möglich, generalistische Existenzaussagen zu machen, Hypothesen zu entwickeln, Typen zu konstruieren, Gemeinsamkeiten festzustellen, Strukturen zu entdecken etc."[23] Die anhand der Interviews ge-

---

[20] ebd. S.218

[21] "Da es nicht um Repräsentativität, sondern um typische Fälle geht, werden keine Zufallsstichproben gezogen. Man sucht sich nach seinen Erkenntnisinteressen einzelne Fälle für die Befragung aus: theoretical sampling.", ebd. S.93

[22] Repräsentativität als Gütekriterium wird ersetzt durch möglichst große Angemessenheit der ausgesuchten Fälle hinsichtlich der theoretischen Fragestellung.

[23] Lamnek 1989, S.223

wonnenen Erfahrungsberichte werden zur Erörterung der in dieser Arbeit erhobenen Fragestellungen benutzt.

Ausgehend von eigenen Erfahrungen der Autorin mit Alleinwanderungen fand bereits eine Hypothesenbildung vor Durchführung der Interviews statt. Diese vorläufig erstellten Hypothesen dienten jedoch ausschließlich zur Erstellung des benutzten Fragebogens. Theoretische Grundlage hiervon ist das von Witzel (1985) entwickelte Konzept des problemzentrierten Interviews.[24] Hierbei handelt es sich um eine qualitative Interviewtechnik mit offenen Fragen und vorgegebenem Leitfaden. Vorteil dieser Methodik ist das gleichzeitige Vorhandensein von Zielorientiertheit bei der Interviewdurchführung und weitgehend offener Fragestellung. Dies ermöglicht trotz vorhandenem Ausgangskonzept eine Hypothesengenerierung anhand der erhobenen Interviews.

Die Interviews wurden auf Tonband aufgenommen und anschließend transkribiert. Der so gewonnene schriftliche Text wurde nach dem Verfahren der von Mayring vorgestellten qualitativen Inhaltsanalyse ausgewertet: "Nicht reine Textanalyse ist ihr Ziel, nicht allein Analyse des Inhalts, wie ihr Name suggerieren mag, sondern der Schluß vom Material auf soziale Realität."[25] Berücksichtigt wurden weiterhin die von Gadamer (1960) entwickelten hermeneutischen Grundannahmen. Diese stellen das Verstehen subjektiv gemeinten Sinnes im Rahmen eines spezifischen Lebensumfeldes in den Vordergrund. Ziel des hermeneutischen Verstehens ist, "die Erscheinung selber in ihrer einmaligen und geschichtlichen Konkretion zu

---

[24] ."Im problemzentrierten Interview hingegen steht die Konzeptgenerierung durch den Befragten zwar immer noch im Vordergrund, doch wird ein bereits bestehendes wissenschaftliches Konzept durch die Äußerungen des Erzählenden evtl. modifiziert." ebd. S.74

[25] Philipp Mayring: Qualitative Inhaltsanalyse. In: Gerd Jüttemann (Hrsg.): Qualitative Forschung in der Psychologie. Grundfragen, Verfahrensweisen, Anwendungsfelder. Weinheim, Basel 1985, S.188

verstehen."[26] Da eine sog. objektive Interpretation nicht möglich ist, folgen die in dieser Arbeit durchgeführten Interpretationen dem subjektiv gemeinten Sinn des jeweils Interviewten. "Hermeneutisches Verstehen kann dem Anspruch auf Allgemeingültigkeit nicht gerecht werden, doch beschränkt es sich auch nicht auf willkürliche Subjektivität. Hermeneutische Objektivität wird durch die Angemessenheit einer Erkenntnis an ihren Gegenstand erreicht."[27]

2.2. Forschungsprozeß

Bedingt durch den Mangel an geeigneter Fachliteratur war ursprünglich eine rein empirische Arbeit geplant. Im Laufe des Arbeitsprozesses zeigte sich jedoch, daß Alleinwanderungen sehr wohl Themenkreise berühren, die in der (psychologischen) Literatur behandelt werden. Sofern dies der Fall ist, beruhen die in dieser Arbeit getroffenen Aussagen auf einem Studium der relevanten Literatur und einer anschließenden Diskussion in Zusammenhang mit den Interviews.

Ein zentrales Anliegen der Arbeit ist die Darstellung individueller Selbsterfahrungsprozesse während und mit dem Wandern. Insofern gründet der Erkenntnisgewinn nicht ausschließlich auf einer Empirie der Fremderfahrung. Aus diesem Grunde wird der Erarbeitung der für eine Alleinwanderung wichtigen Themengebiete eine Zusammenfassung der einzelnen Interviews vorangestellt. In den Zusammenfassungen werden die Interviews in ihrer individuellen Besonderheit zunächst charakterisiert und interpretiert. Dabei wird für jeden Einzelwanderer gesondert die Frage erörtert, welche Funktion das Reisen alleine für ihn übernimmt. Erst anschließend folgt der Hauptteil der Arbeit, die Erörterung der für alle Interviews relevanten Themen. Die einzelnen Problemfelder werden mit Hilfe der Literatur ver-

---

[26] Hans-Georg Gadamer: Wahrheit und Methode. Grundzüge einer philosophischen Hermeneutik. Tübingen 1986 [5], S.11

[27] Lamnek, 1988, S.82

tieft und theoretisch aufgearbeitet. Solche Exkursionen in einzelne, für das Wandern wichtige Themengebiete dienen der Hintergrundanalyse und der Vertiefung der anhand der Interviews gewonnenen Erkenntnisse. Somit werden die Interviews zunächst in ihrem jeweiligen Kontext behandelt und erst dann für den Gesamtzusammenhang der Arbeit benutzt. Beweggrund hierfür ist die Motivation, Alleinwanderer in ihrer Singularität darzustellen und erst anschließend gemeinsame oder trennende Merkmale herauszuarbeiten. Da eines der essentiellen Wesensmerkmale des Alleinwanderns die Beschäftigung und Auseinandersetzung mit der eigenen Person ist, soll dies nicht nur als Tatsache festgestellt, sondern in seinem singulären Verlauf dargestellt werden. Da der Erkenntnisgewinn dieser Arbeit als Prozeß stattgefunden hat, ist nicht einzusehen, warum dies im Zusammenhang mit der Methodik nicht auch erwähnt und in das Forschungskonzept mit einbezogen werden sollte. Solche prozeßhaften Wesenszüge zeigen sich in der vorliegenden Arbeit anhand der unterschiedlichen Auswertung und Vorstellung der Interviews. Im ersten Interview bestehen beispielsweise andere inhaltliche Schwerpunkte als im vierten. Der Fragebogen war zudem kein feststehender, sondern richtete sich je nach Interessen der zu Befragenden, so daß ein Vergleich der Interviews nicht immer sinnvoll erscheint. Ziel der Arbeit war jedoch die Darstellung und Explikation von Singularitäten beim Wandern und nicht deren bewertender Vergleich.

3. Zusammenfassung der Interviews

Die folgenden Zusammenfassungen der ein- bis zweistündigen Interviews basieren auf den Grundlagen der Qualitativen Inhaltsanalyse. Hierzu wurden alle wichtigen Aussagen auf Karteikarten transkribiert und zueinander geordnet. Anschließend fand eine Interpretation der vorliegenden Zitate statt, die sich an den hermeneutischen Überlegungen Gadamers orientierte. Es bleibt anzumerken, daß diese Zusammenfassungen von den meisten interviewten Wanderern hinsichtlich der korrekten Wiedergabe ihrer Aussagen gegengelesen wurden

3.1. Zusammenfassung Interview Klaus L.

Herr L. scheint mit seinen 50 Jahren als freiberuflicher Reiseführer ein typischer Alleinwanderer zu sein. Er bezeichnet sich selbst als "zielbewußten Individualisten", der recht genau wisse, was er wolle. Herr L. besitzt genügend Wandererfahrung, um unterwegs selbständig Krisensituationen erfolgreich zu bewältigen. Dieses Können, alleine in Gefahrensituationen während einer Wanderung zurecht zu kommen, geht einher mit einer unterschwellig spürbaren und latent geäußerten Einsamkeit sowie mit dem Bedürfnis nach Kommunikation. Zwar lebt und unternimmt Herr L. nach eigener Aussage Dinge lieber alleine, als daß er zugunsten von Kompromissen auf seine Pläne verzichten würde. Gleichzeitig sehnt er sich offensichtlich nach Austausch mit gleichgesinnten Menschen über die gewonnenen Wandererlebnisse. Er erwähnt im Interview, das abendliche Erzählen über die Ereignisse des erwanderten Tages sei ihm ein Bedürfnis, welches er auf Einzelwanderungen nicht befriedigen könne. Dieses Redebedürfnis war auch deutlich formulierte Motivation für die Teilnahme am Interview.

Herr L. ist mit dem Wandern aufgewachsen. Er unternahm schon als Kind regelmäßig mit der Schule oder seiner Mutter Wanderfahrten. Seit Beendigung des Studiums geht Herr L. im Urlaub regelmäßig wandern. Die anfänglich noch kleineren Touren gestalteten sich im Laufe seines Lebens zu immer längeren und anspruchsvolleren Unternehmen. So war Herr L. bereits zwölfmal in Griechenland, dreimal auf Korsika, einmal im Himalaya und zweimal in den USA wandern. Hierdurch ist ersichtlich, daß Wandern für ihn einen "notwendigen Bestandteil" seines Lebens darstellt. Herr L. wanderte sowohl alleine als auch in Gruppen. Da er außer den ersten fünf Lebensjahren immer in einer Großstadt lebte, ist die alljährliche Wanderung im Urlaub für ihn die einzige Möglichkeit, sich in einer natürlichen Umgebung, wenn auch zeitlich begrenzt, zu bewegen.

Herr L. scheint nie ein herkömmliches Leben im gemeinhin gewöhnlichen Sinn geführt zu haben. Das heißt, er lebt ohne feste Partnerschaft sehr zurückgezogen in einer kleinen Einzimmerwohnung, nimmt jedoch äußerst rege am politisch-kulturellen Geschehen um ihn herum intellektuell Anteil. Alleinwanderungen führt er nicht aufgrund eigenen Wunsches durch, sondern eher aus Notwendigkeit, da er keinen seinen Ansprüchen genügenden Reisepartner findet. Unbekannten Dingen gegenüber ist er sehr aufgeschlossen und wirkt für sein Alter zudem ungewöhnlich 'drahtig' und beweglich. Seit zwei Jahren ist Herr L. Reiseführer in Köln; diese Tätigkeit fängt allerdings allmählich an, ihn zu langweilen. Er fühlt sich in seinem alltäglichen Leben nicht hinreichend ausgefüllt und zufrieden.

Wandern ist für Herrn L. eine hervorragende Möglichkeit, "wo ich mich körperlich voll auslaste und seelisch durchlüfte und körperlich und seelisch erneuern kann." Er bedauert, daß er etwas zu "reisehängig" sei, das heißt, die wenigen Wochen Wanderurlaub im Jahr hätten für ihn einen zu hohen Stellenwert im Vergleich zum Alltagsleben. Herr L. möchte solches auch langfristig ändern, ohne genauer zu formulieren, wie dies geschehen soll. Offensichtlich scheint ihm der alljährliche Wanderurlaub das Wichtigste und Ereignisreichste in seinem Leben zu sein.

Das Interview konzentrierte sich auf eine wenige Monate zurückliegende sechswöchige USA-Reise, in der Herr L. eine Woche allein durch einen kalifornischen Nationalpark gewandert ist. Ursprünglich war eine fünfwöchige Wanderung quer durch mehrere Nationalparks geplant. Dies mußte jedoch aufgrund ungünstiger Witterungsverhältnisse und einer ernst zu nehmenden Knieverletzung aufgegeben werden. Daher reiste Herr L. in der verbliebenen Zeit mit anderen Urlaubern im Auto durch das Land. So hatte er Gelegenheit, weitaus mehr touristische Sehenswürdigkeiten zu besichtigen, als es ihm zu Fuß möglich gewesen wäre. Jedoch hatte für ihn das Auto den Nachteil, daß die gewonnenen Eindrücke sehr oberflächlicher Art waren, die schnell vergessen wurden. Herr L. beschrieb, daß bei einer Autoreise eher einzelne großartige Panoramablicke in Erinnerung blieben, die filmähnliche Charakterzüge trügen. Wandern hingegen sei für ihn eine Konzentration auf die eigene Person und ermögliche zudem ein "inneres Fortkommen". Herr L. versteht Wandern als Chance, sich "körperlich und seelisch zu erholen und zu erneuern. Wenn das mal nicht gehen sollte, wäre ich sehr unglücklich." Er nimmt unterwegs philosophischen Abstand zu seinem alltäglichen Leben, versteht Wandern als "seelische Reinigung" und als Anlaß, innerlich aufzuräumen, sowie "alte Sachen wegzuwerfen". Hinzu kommt das Erleben von Langsamkeit: "Ich möchte nicht mehr so hektisch sein, wie ich das früher war, und zum zweiten erlauben mir alle sämtlichen Lebensumstände, Dinge intensiv und mit einem gedehnten Zeitrhythmus zu erleben." Wandern bietet ihm demnach ausreichend Gelegenheit, in Ruhe Landschaften aufzunehmen, und unterscheidet ihn dadurch von vielen herkömmlichen Touristen: "Die Leute, die mit den Autos unterwegs waren, haben in einer Art zu schleunigem Rhythmus zu schnell zu viel als Touristen erlebt, abgehakt, die Sachen wurden photographisch dokumentiert und fertig." Herr L. dagegen nahm weder Lektüre noch Schreibutensilien auf seiner Wanderung mit. Hierdurch ließ er sich ganz bewußt auf die Situation des gänzlichen Auf-sich-selbst-zurückgeworfen-Seins ein. Während seiner Wanderung war er ausschließlich auf sich und die ihn umgebende Landschaft angewiesen. Herr L. provozierte auf seiner USA-Reise eine lebensbedrohliche Situation, die Reise gewann dadurch Charakterzüge eines inneren, selbst gestalteten Abenteuers. Dies erhöhte den von Herrn L. gesuchten größtmöglichen Erlebniswert eines solchen Unternehmens.

Das Wandern als langsame Fortbewegung wird zudem durch "eine abwechslungsreiche, kleinräumige und wechselhafte Landschaft ständig neu belohnt." Ohne eine derartig für das Auge interessante Landschaft erschiene Herrn L. Wandern als langweilig und eintönig. Das heißt aber auch, daß Natur hier für die eigenen Ansprüche benutzt und konsumiert wird. Je mehr Erlebnisse eine solche Reise aufweist, desto höher ist für Herrn L. ihr Wert. Der Verdacht, daß Herr L. sich bewußt dem Risiko einer für ihn gefährlich werdenden Situation während der Wanderung aussetzen wollte, ist daher nicht ganz von der Hand zu weisen. Er wußte, daß er unterwegs Schneefelder durchqueren mußte. Zudem litt er über Jahre hinweg an einer Knieverletzung, die ihm bei einer längeren Wanderung mit vierzehn Kilogramm Gepäck über große Höhenunterschiede hinweg zu einem Hindernis werden konnte. Dennoch entschied sich Herr L. für eine Route, von der er wußte, "daß da lange Passagen drin sind, wo ich lange auf mich alleine gestellt sein würde." Das Risiko einer Alleinwanderung ging er somit bewußt ein. Als dann am vierten Tag der Wanderung seine Knie tatsächlich im Schnee versagten und er vorzeitig das Zelt aufschlagen mußte, da ein Weitergehen unmöglich geworden war, war die existentielle Bedrohung da: "Ich habe erst mal einen furchtbaren Schrecken bekommen, habe mir also klar gemacht, daß mich an der Stelle keiner finden würde, daß mich da also die Vögel auffressen würden." Das Erleben von Todesangst fand an einem ohnehin erlebnisreichen Tag statt, an dem Herr L. kurz zuvor einem Bären begegnet war und den markierten Weg verloren hatte. Derart auf sich selbst angewiesen, entwickelte Herr L. ein äußerst zweckmäßiges "operationales Verhaltensrepertoire". Gefühle der Sicherheit gewann er lediglich aus dem Wissen über die eigenen Selbstkontrollmechanismen und seiner Fähigkeit, sich auf das absolut derzeit Vorhandene konzentrieren zu können. So fand zunächst eine Abklärung der gegebenen Situation und der vorhandenen Möglichkeiten statt. Dann wartete Herr L. in der Hoffnung auf Besserung seiner Verletzung den nächsten Tag im Zelt ab und übte sich in Geduld. Da er aber nicht wußte, wie schwer seine Knieverletzung war und er sich nicht sicher war, ob er selbständig den zweitägigen Rückweg in zivilisierte Gebiete schaffen würde, erlebte er eine sorgenvolle und zugleich ereignisreiche Vollmondnacht. "Und da habe ich mir gesagt, also na, wer macht sich denn zu Hause Gedanken, wenn Du nicht wiederkommst? Na ja, vielleicht zwei oder drei Personen, aber auf die kommt es nicht an. Und dann habe ich mir gedacht: es kommt nur darauf an, daß Du nun selber heil und überlebend aus dieser Situation wieder rauskommst. (...) Und dann habe ich also noch die halbe Nacht mir den Mond angeguckt und habe mich in meinen Betrachtungen ergangen." Ergebnis waren einige für das weitere Leben grundlegende Überlegungen. Herr L. spürte in dieser Nacht ein großes Grundvertrauen zu sich selbst und zu der ihn umgebenden Natur. Der Schock der Verletzung hatte eine wache und schöne Nacht zur Folge. Der Schreck über die Grenzen der eigenen Leistungsfähigkeit bewirkte ein anschließendes Glücksempfinden. Denn "die meisten Dinge, die wirklich schön sind, verlangen aber immer auch ein bißchen Schmerz, zumindest Anstrengungen." Hier wurde sich Herr L. allerdings auch der eigenen Widersprüchlichkeiten bewußt. Einerseits wollte er in dieser Extremsituation "die Präsenz optimal erleben", andererseits erlebte er Glücksmomente hauptsächlich als Belohnung und Ergebnis vorangegangenen Leidens. Somit war sich Herr L. der eigenen Selbstquälerei durchaus bewußt: "Mußt Du Dich alten Mann mit fünfzig Jahren eigentlich aus reinem Sadomasochismus noch die Berge hoch quälen, um Deiner Silhouette irgendeinen Touch von Jugendlichkeit zu geben? Hast Du das nötig, auf diesen verinnerlichten Fitneßdrall zu stehen, der eigentlich in Selbstquälerei ausartet und furchtbar unangenehm ist?"

Gleichwohl konnte Herr L. am nächsten Tag mit geringfügigen Schmerzen zurückgehen und mit "heiler Haut" in bewohnten Gegenden ankommen. Wichtig blieben ihm die Erfahrung und das Wissen, mit der eigenen Panik umgehen zu können und sich im Erleben und Bewältigen der subjektiv erlebten Gefahr auf das absolut Wesentliche konzentrieren zu können. Denn "Unfälle können einem immer passieren, aber man kann das Risiko minimieren durch körperliches Vortraining, Selbstbeobachtung, Bremsen, wenn man merkt, daß man sich überfordert."

31

Wichtig für solch eine Wanderung wurde Herrn L. die Leistungsfähigkeit seines Körpers. Herr L. betonte diesen Aspekt wiederholt und verwies auf seine Kondition mit der er es seiner Ansicht nach durchaus mit wesentlich jüngeren Menschen aufnehmen könne. Nach dem beschriebenen Unfall mußte er allerdings "zähneknirschend eingestehen", daß Extremwanderungen für ihn nicht mehr in Frage kämen. Diese altersbedingte Grenzsetzung seiner Pläne konnte er nur schwer akzeptieren. Im Alltag sich körperlich unterfordert fühlend erlebte Herr L. auf Wanderungen, daß "körperliche Anstrengungen in ihrem Verlauf, wenn man sie wiederholt macht,(...) zu einer Form der inneren Gelassenheit führen, eines inneren Ausgleiches". Diese Erfahrung seiner selbst hinsichtlich der Funktionstüchtigkeit und Grenzen des eigenen Körpers waren Herrn L. stets wesentliche Aspekte des Wanderns gewesen. Die Bewegung des Gehens führt bei ihm nach mehreren Tagen zu einem Gefühl von Gelassenheit und innerer Ruhe: "Ja, so nach ein, zwei Tagen, da hört man nur noch auf das, was in der Landschaft ist und in einem selbst innerlich vorgeht. Aber man hört nicht mehr auf das, was man hinter sich gelassen hat."

Im Verlaufe des Wanderns fand Herr L. zudem zu dem ihm eigenen Gehtempo: "Nach zwei, drei Tagen legt sich dieser Grübelzwang. Dann kriegt man so ein Verhältnis für den richtigen Rhythmus, in dem man geht." Die Gedanken werden dabei als malerisch-meditativ beschrieben, es böte sich dabei Gelegenheit, emotionale Eindrücke innerlich an sich vorbeiziehen zu lassen. Diese innere Ruhe, die durch das Wandern in einer einsamen Landschaft entstand, entwickelte somit eine gewisse Eigendynamik: "Denn die Zen-Philosophen des Laufens, die sagen dann immer: 'es läuft'."

3.2. Zusammenfassung Interview Birgit N.

Frau N. ist 47 Jahre alt und freiberufliche Yogalehrerin in Köln. Sie lebt seit Jahren in einer festen Beziehung, bewohnt jedoch ein Zimmer für sich allein. Die ersten neun Lebensjahre verbrachte sie auf dem Dorf, danach lebte sie ständig in der Großstadt.

Zum Wandern kam Frau N. mit circa 29 Jahren über den ersten gemeinsamen Urlaub mit ihrem Freund. Das Erleben ihrer selbst in einer landschaftlichen Umgebung beeindruckte sie dermaßen, daß sie seither regelmäßig zu zweit oder in einer Gruppe wandert. Ihre erste Wanderung "ohne einen Mann, speziell durch einen Mann an meiner Seite" wagte sie mit 39 Jahren. Diese erste Alleinwanderung bezeichnete sie als "Selbstbehauptungstraining".

1992 plante sie eine Durchquerung der Pyrenäen, wozu sie insgesamt sieben Wochen benötigte. Die Pyrenäen sind eine dünn besiedelte Gebirgslandschaft zwischen Spanien und Frankreich. Frau N. wanderte sechs Wochen alleine und die letzte Woche zusammen mit ihrem Freund, beginnend vom Atlantik hin zum Mittelmeer. Sie hätte dieses Unternehmen lieber zu zweit durchgeführt, fand aber niemanden, der oder die sie begleitete, so daß sie sich zum Alleingang entschloß. Es stand also die Pyrenäendurchquerung an sich und nicht das Alleine-Gehen im Vordergrund.

Da Frau N. alleine unterwegs war, hatte sie Probleme mit männlichen Belästigungen. Die Angst hiervor, die zu Anfang noch eine vor der Einsamkeit war, wandelte sich im Verlauf der Wanderung, war aber immer präsent. Frau N. entwickelte erfolgreiche Tricks, sich zu schützen und fand auch einen ihr zunehmend besser erscheinenden Umgang mit dieser Angst. Allerdings bedauerte sie, daß diese ständige Aufmerksamkeit wegen befürchteter Belästigungen ihr Wandern im gesamten Urlaub beeinträchtigt habe. "Wie gesagt, die Exhibitionisten, die verirren sich bis auf 3000 Meter Höhe. Unglaublich."

Abgesehen davon bezeichnete Frau N. die gesamte Wanderung als einen Prozeß, in dem sie sich hinsichtlich ihrer Fähigkeiten und Möglichkeiten erweitert und somit verändert habe. Wesentlich sei ihr das Leben in der Natur gewesen, die sie nicht als außenstehende Betrachterin erlebt habe, sondern in der sie sich fortbewege und im Wandern auch teilweise eingegliedert habe. Dementsprechend fand sie auch das langsame Tempo des Wanderns als angenehm: "Das war gerade so ein richtiges Tempo für mich, um auch in der Landschaft zu SEIN, in der Landschaft zu leben. Es war für mich nicht zu langsam, es war langsam genug". Wandern wird als Möglichkeit verstanden, "dem Puls der Natur so nahe wie möglich" zu sein. Ermöglicht wird dies durch die Langsamkeit der selbständigen Fortbewegung ohne Hilfsmittel wie beispielsweise Rad oder Eisenbahn. Die ständig vorhandene Sehnsucht nach der Natur wird im Zusammenhang mit Kindheitserinnerungen erwähnt: " Und ich glaube, daß da so die Wurzel zu meinem Verhältnis zur Natur ist. Die Wurzel und die Grundlage dazu liegen in meiner Kindheit, da gibt es so elementare Erlebnisse. Wie Gerüche, die spielten immer eine Rolle, wie jetzt auch in meinem Leben. Und ich glaube, daß mir schon damals das Leben in und auf der Erde, das war halt so der Spielplatz, daß dieser sinnlich wahrzunehmende Geruch mir Kraft gegeben hat." So beschreibt Frau N, daß sie seit ihrer Kindheit diese nicht näher definierbare Sehnsucht kenne, die sie immer wieder zurück in eine natürlichere Umgebung als die der Stadt ziehe. Diese Sehnsucht wird sowohl als schönes, aber auch melancholisches Gefühl beschrieben und findet Befriedigung im Wandern. Hier wird ihr Bedürfnis nach einem DA-Sein in einer natürlichen Umgebung befriedigt, welches ein spürbar größeres Selbsterleben in der Natur und in der Bewegung darin zur Folge hat: "Und ich bin in Bewegung in der Natur, ich erlebe die Natur, ich erlebe aber auch meinen Körper sehr intensiv, bin der Natur sehr nahe."

Die langsame Bewegung des Wanderns in der vom Menschen nur wenig beeinflußten Landschaft der Pyrenäen hatte auch Auswirkungen auf das innere Erleben von Frau N. Die Gedanken wurden ruhiger, "alles wurde klarer". Hierdurch fand eine Konzentration und Reduktion auf die Landschaft und das sich darin bewegende Ich statt. Diese Reduktion auf Natur und das eigene Selbst sind kennzeichnend für das Alleinwandern. "Und es ist ein anderes Erleben. Es ist sehr schön, wenn man sich austauschen kann mit jemanden, wenn man irgendwo an einem sehr schönen Flecken der Erde ist. Aber dieses alleine erleben, ohne zu sprechen. Nur erleben, ohne es ausdrücken zu müssen, das hat schon eine andere, vielleicht noch tiefere Qualität." Das heißt, beim Alleinwandern steht anstelle einer Auseinandersetzung mit einem anderen Menschen das konsequente Erleben im

Augenblick des jeweiligen Tuns im Zentrum der Aufmerksamkeit. Diese erhöhte Selbstwahrnehmung erfolgt in Auseinandersetzung mit der vorgegebenen Landschaft. Wandern kann so zu einem Dialog mit der erlaufenen Umgebung werden. Der Wandernde bewegt sich in der Natur, die Gegebenheiten der jeweiligen Landschaft bestimmen den Tagesrhythmus und auch das innere Erleben. Die Anstrengungen des Weges und der Landschaft erfordern ein unterschiedliches Reagieren des Wanderers. Frau N. beschrieb eine kritische Stelle am Berg folgendermaßen: "Ich konnte weder einen Schritt nach vorne, nach oben machen, noch einen Schritt nach unten. Das waren mehrere Minuten, wo ich Angst hatte. Wo ich mich da festgehalten hatte. Da war mir klar, ich kann ja nicht mein Leben auf diesem Berghang verbringen, ich muß, ich muß, es ging nicht anders, es mußte. Und da habe ich all meine Energie, meinen Mut zusammengenommen und den Schritt gewagt. Es war wirklich ein Schritt. Den einen Fuß lösen und hoch." Diese kritische Aufstiegspassage zwingt Frau N. zur Sammlung sämtlicher Energien und zum hier riskanten Wagnis des Vorwärtsgehens. Die äußeren Gegebenheiten des Berges hatten einen inneren Prozeß zur Folge, der wiederum notwendige Voraussetzung zum Weitersteigen war. Innere Stimmungen passen sich den äußeren Gegebenheiten an und orientieren sich an ihnen. "Die schönsten Zeiten waren immer die Vormittage für mich. Morgens nach dem Aufstehen, dann Steigen und da hatte ich am meisten Elan und war am offensten. Obwohl es auch die anstrengendste Phase des Tages war, das war immer steigen, steigen, steigen." Frau N. wurde das morgendliche Hochsteigen auf einen Berg zu einer täglichen Wiederholung und festem Bestandteil ihres damaligen Wanderalltages: "Ich habe es vermißt, wenn ich einen Tag nur so leicht gelaufen und gestiegen bin, daß ich überhaupt nicht richtig ins Schwitzen kam. Mir tropfte der Schweiß auch in der Nase herunter, ins Gesicht, überall, ich war wirklich absolut naß. Das war ganz angenehm. Das habe ich als etwas sehr reinigendes empfunden, kathartisches."

Diese Selbsterfahrung in einer abwechslungsreichen und für das Wandern bisweilen sich als schwierig erweisenden Landschaft hatte für Frau N. eine zunehmende Kenntnis bezüglich der eigentlichen Möglichkeiten und Grenzen zur Folge. Frau N. benötigte jedoch einige Zeit, um ihren eigenen Rhythmus zu finden. In den ersten zwei Wochen lief sie häufig zu lange, was eine recht große Erschöpfung mit nächtlich schmerzenden Knien zur Folge hatte. Zudem geriet sie in "eine psychische Krise.(...) Das war so nach zwei Wochen. Da bin ich an diesem Tag sehr lange gelaufen, viel zu lange, zwölf Stunden. Und zwar bin ich deswegen so lange gelaufen, weil ich absteigen mußte, weil ein Gewitter kam." In einer Situation sich verschlechternder Wetterverhältnisse, aufgrund derer Frau N. sowohl die Orientierung als auch den Weg verlor, geriet sie in Panik: "Und dann wurde ich panisch und bin dann den Berg runtergerannt und dann hierhin und dorthin gerannt, ganz kopflos. Bis ich mich dann hingesetzt habe und gefragt habe, was ist denn, wieso hast Du Angst. Vor was hast Du letztendlich Angst? Ist es der Nebel oder was ist es denn eigentlich? Und dann ist mir sehr klargeworden: ich hatte Angst vor dem Sterben.(...) Was kannst Du tun in so einer Situation? Also Panik, das ist völlig falsch, tue nichts, sitze, gucke und ich kann auch die Nacht da bleiben. Wenn ich den Weg nicht finde, warte ich, bis der Nebel weg ist. Ich werde da nicht sterben, das war mir völlig klar. In dem Moment reduzierte sich die Angst, die ganzen Befürchtungen, und ich war auch nicht mehr panisch." Der Anspannung dieser subjektiv erlebten Gefahrensituation, verbunden mit einem zeitweiligen Verlust der Selbstkontrolle folgte das Erreichen einer Schäferhütte. In dieser traf Frau N. drei französische Schafhirten, die sie bekochten und mit denen sie einen interessanten Abend verbrachte. Einer erfolgreich bewältigten Gefahrensituation folgte somit das Erleben der nachfolgenden Ereignisse als schön und erleichternd. Der Wechsel von psychischer Anspannung in einer kritischen Situation hin zu einer nachfolgenden Erleichterung bezüglich ihrer Bewältigung und Erleben der Geschehnisse scheint ein häufig vorhandenes Ablaufmuster zu sein. So erlebte Frau N. eine vergleichbare Situation ein weiteres Mal, als sie abermals in Unkenntnis ihrer eigenen Leistungsgrenzen im ersten Drittel der Wanderung zu lange lief. Sie kam abends erschöpft, dreckig und müde in einem Dorf an: "Da habe ich mich unendlich alleine gefühlt. Alle waren in Gesellschaft und aßen. Ich: hungrig, müde und erschöpft und ganz allein. Und das Wetter war auch noch schlecht. Und am nächsten Tag habe ich dann zuhause in Köln angerufen und unglaublich ins Telefon geheult. Warum mache ich das denn überhaupt, was soll das denn?" Doch auch hier wird dieser völlige Erschöpfungszustand bewältigt durch ein Sich-Zeit-Nehmen und Hinsetzen. Und Abwarten der Dinge, die da kommen mochten. Sie taten es, und zwar in Form eines Franzosen, mit dem Frau N. eine Zwei-Tages-Liaison einging. Aber: "Er wollte etwas anderes von mir als ich von ihm, ich mußte immer wieder Grenzen zeigen. Und das war mir zu anstrengend. Und deswegen habe ich mich auch entschlossen, weiterzugehen, alleine. Da bin ich dann wieder in die Berge."

Nach diesen zwei Ereignissen drosselte Frau N. ihr Tempo und fand allmählich zu ihrem eigenen Rhythmus, definiert als: "so die Geschwindigkeit, in der ich laufe, wie schnell oder wie langsam ich gehe, wie ich steige und absteige." Neben der Definition einer Laufgeschwindigkeit wird Rhythmus in zusätzlichen Konnotationen benutzt. "Zu diesem Rhythmus des Gehens kam immer noch der Rhythmus des Atmens hinzu und des Herzschlages, den man ja sehr deutlich wahrnimmt, besonders beim Steigen. Also Atem, Herzschlag und Schritt, da habe ich mich so in meiner Ganzheit und Lebendigkeit erlebt. Manchmal war es auch unheimlich. Das war dann die Resonanz des Herzschlages. Ich in dieser Einsamkeit, mein Körper war da so weit, das war so laut. In dieser Stille war plötzlich mein eigener Atem und mein Herz laut. Und mein Körper erschien mir so groß und weit. Das war ein etwas unheimliches Gefühl. Oft war es so etwas ganz gleichmäßiges. Manchmal war das aber auch beruhigend." Der eigene Rhythmus verweist hier auf Lebenstempo und Tagesablauf und bezieht sich auf die ganze Person in ihrem jeweiligen Selbsterleben. Es ist jedoch offensichtlich, daß es einiger Zeit bedarf, um den der eigenen Person angemessenen Lauf- und Lebensrhythmus herauszufinden. Frau N. benötigte hierzu mindestens zwei Wochen und einige kritische Situationen, in denen sie sich ihrer Grenzen bewußt wurde, um den ihr gemäßen Rhythmus zu finden und diesem auch in ihrem Wandern zu folgen. Als in der letzten Woche ihr Freund dazustieß, führte dies zu Schwierigkeiten, da er – gänzlich untrainiert – ein völlig anderes Lauftempo hatte: "Ich hätte unendlich meinen Rhythmus drosseln müssen, den ich im Laufe der Wochen so für mich gefunden habe. Und dann habe ich mich entschieden, ich laufe voraus und abends treffen wir uns dann wieder. Das wäre mir früher nicht so leicht gefallen, da hätte ich mich eher angepaßt. Ich wußte vielleicht gar nicht, was mein Rhythmus ist."

In diesem Zusammenhang wurde Frau N. die Frage gestellt, ob der Rhythmus des Gehens eventuell auch ein sicherheitsstiftender Faktor sein könne: "Ja, das ist eine interessante Frage, die habe ich noch nie gestellt. Sicherheit. Ich bin zunächst in dem Moment aktiv. Also, wenn ich gehe, gestalte ich auch, bewege mich. Das kann sein." Sie betont jedoch, daß Gehen zwar viel Sicherheit ermöglichen könne, daß Wandern in seiner Gesamtheit aber auch eine ständige Konfrontation mit Unsicherheiten bedeute. "Beispielsweise die Frage, wo schlafe ich abends, das war ja für mich jeden Tag eine Frage. Wenn man zuhause ist, da legst Du Dich ins warme Bett, das bekannt ist und eine absolute Sicherheit bietet. Unterwegs war das ja eher unsicher, also, ich bin da mit mehr Unsicherheiten als mit Sicherheiten konfrontiert worden." Allerdings, wenn etwas Sicherheit produziere, dann war das beispielsweise nicht die Ausrüstung, sondern: "Ach, das tue ich mir selbst, denke ich".

Als Resümee stellte Frau N. fest, daß sie solch eine Alleinwanderung sofort wiederholen würde. "Es hat mir unheimlich gut gefallen, auch immer wieder an so bestimmte Grenzen zu kommen, die ich selbständig, ohne mich auf irgend jemand anderen zu verlassen, löse. Es hat mir viel Kraft gegeben. Und meine eigenen Fähigkeiten oder Möglichkeiten erweitert." Auch hatte sie das "Gefühl, daß sich so die Grenzen dessen, was ich so selber kann, ausgedehnt haben. Das Vertrauen in das, was ich so kann, daß ich das so selber schaffe, ist größer geworden. Meinen eigenen Rhythmus auch viel besser gefunden habe, als in Verbindung mit jemand anderen. Das ist für Frauen, glaube ich, ein größeres Problem als für Männer, da sie doch eher dazu neigen, sich anzupassen."

Insgesamt gewann Frau N. durch diese Wanderung in den Pyrenäen eine größere Kenntnis ihrer selbst. Ermöglicht wurde ihr dies durch das Erleben der eigenen Person in Auseinandersetzung mit dem Durchwandern einer 'natürlichen' Landschaft inklusive deren Herausforderungen und Schönheiten. Dies hatte längerfristige Wirkung auf ihr weiteres Leben. "Ja, ich war mit meiner Seele noch lange in den Bergen, ich bin hier nicht so schnell angekommen."

3.3. Zusammenfassung Interview Rainer. S

Rainer S. ist ein 30jähriger Student der Geophysik und nebenbei in der Reisebranche tätig. Er lebt Zeit seines Lebens in der Stadt, wenn auch häufig in ländlich erscheinenden Vororten. Derzeit bewohnt er ein Zimmer einer WG in der Innenstadt Kölns. Herr S. wanderte schon als Kind mit seinen Eltern, dies jedoch zunehmend widerwillig. Seit seinem 23. Lebensjahr geht er einmal im Jahr auf eine größere Urlaubswanderung, teils alleine, teils in Kleingruppen. Unter Wandern versteht er immer einen mindestens einwöchigen Urlaub. Er ist demnach kein Wochenendwanderer.

Wandern beinhaltet für Herrn S. zwei Wesensmerkmale. Einmal ist es für ihn die intensivste Form des Naturentdeckens und zum anderen körperliche Betätigung. Beide Momente, Naturerlebnis und körperliches Selbsterleben in der Bewegung bedingen sich gegenseitig und stehen in einer engen wechselseitigen Beziehung zueinander. Herr S. beschreibt diesen Tatbestand als "Abenteuer des Naturentdeckens zum einen und zum anderen auch, sich selbst zu entdecken." Die Konzentration auf eben diese beiden Momente ist für Herrn S. Grund genug, sich bewußt für das Alleinwandern zu entscheiden. Das heißt, er geht nicht alleine, weil er niemanden findet, der bereit wäre, mit ihm in Urlaub zu fahren. Sondern Herr S. plant häufig einen Urlaub unter der Priorität des Alleinwanderns. Er sucht hierdurch die oben beschriebene größtmögliche Reduktion auf Landschaft und Erleben.

Die Zeit des Alleinwanderns bietet Herrn S. Gelegenheit zur Reflexion über vergangene Lebensabschnitte. "Ja und so Alleinwandern, sich also alleine in die Natur zurückziehen, ist für mich auch eine Möglichkeit der Reflexion: Was ist passiert im letzten Jahr? Zu fühlen einfach, daß man auch lebt. Tief Luft holen, zu wissen, ja hurra ich lebe, und dieses Gefühl auch zu ergründen, zu erspüren." Die Konzentration auf das Selbsterleben in der Bewegung des Gehens innerhalb einer reizvollen Landschaft stellt für Herrn S. die optimale Urlaubsform dar. Urlaub in Form einer Alleinwanderung beinhaltet den Genuß einer neu zu entdeckenden Landschaft und Gelegenheit zum Nachdenken. "Ja, wie gesagt, unterwegs kommen einem so sehr viele Gedanken, was die eigene Person angeht, was Beziehungen angehen und bezüglich Erlebnissen. Es waren da halt so Probleme, die man in den Urlaub mitbrachte und die noch nicht ausgegoren sind. Man hat halt sehr viel Zeit zum Nachdenken." Das Gehen fördert neben diesem Prozeß der Reflexion das gleichzeitige Wahrnehmen einer Landschaft. "So ist sicher das Gehen die intensivste Form der Wahrnehmung, was um einen herum passiert, wenn man nicht gerade durch die Berge rast. Sondern immer wieder einen ruhigen Schritt geht. Dann erlebt und sieht man auch sehr viel." Nicht nur die Füße und der Körper sind in Bewegung, sondern auch Vorgänge im Kopf: "Die Gedanken laufen halt." Wandern fördert Selbst- und Außenwahrnehmung: "Also für mich sind z.B. die Morgenstunden sehr wichtig. Wenn das Licht unheimlich weich irgendwo in den Wald reinfällt und langsam den Boden erwärmt. Und wenn beim Erwärmen des Bodens dann auch verschiedene Gerüche aufsteigen. Eine ganz eigenartige, wunderschöne Stimmung. Wo ich dieses Gefühl auch am tiefsten erlebe."

Wichtiger als der Rhythmus des Gehens ist für Herrn S. jedoch die Bedeutung der Langsamkeit. Da er 1993 die Berglandschaft Korsikas durchquerte, mußte er ständig berghoch oder bergab wandern. Eine einheitlich rhythmische Gehbewegung war von daher gar nicht möglich. "Also ich erlebe das Gehen nicht als eine Art von Rhythmus. In den Bergen gehst Du teilweise ja ganz unterschiedlich. Je nachdem, wie schwer das Gelände ist, gehst Du überhaupt nicht rhythmisch. Von daher kommst Du beim Bergwandern nie in Deinen Trott." Jedoch ging Herr S. recht langsam, zumal für ihn der Genuß der Landschaft von großer Bedeutung ist. "Da waren so einige, die sind da wirklich durch die Berge geprescht. Ich war da eben so gemütlich, habe meine Pausen gemacht, alles angeschaut. Sachen auf mich wirken lassen, gerade morgens."

Da der von Herrn S. begangene Weg durch Korsika als einer der schwierigsten und anspruchsvollsten Europas gilt, stand mehr die Bewältigung des Weges als die Eigendynamik der Gehbewegung im Vordergrund. Auch gewann der Leistungsgedanke bei dieser Wanderung an Bedeutung, zumal Herr S. dreißig Kilogramm Gepäck dabeihatte. Bedingt durch eine reichhaltige sportliche Betätigung im Kölner Alltagsleben ist Herr S. durchtrainiert und kennt sowohl Möglichkeiten als auch Grenzen seiner körperlichen Leistungsfähigkeit. Er hält sich für derart beweglich, daß er durch seine Trittsicherheit Verletzungen weitgehend zu vermeiden glaubt. Obgleich er erst seit sieben Jahren wandert, schätzt Herr S. seinen Erfahrungsschatz und seine Selbstbeherrschung als sehr groß ein. So führte seine erste Alleinwanderung durch Nepal, ein nicht gänzlich risikoloses Unternehmen, besonders wenn man alleine geht. Herr S. beschreibt seine Angst als minimal: "Angst vor dem Weg habe ich keine. Ich wüßte nicht wovor. Ich bin auch so beweglich und bewandert, daß ich mir nicht den Fuß verstauche und zudem ist mein Sicherheitsdenken so groß, daß ich immer so weit wie möglich Sicherungen anbringe, um nicht abzustürzen. Also ich weiß, wo meine Grenzen sind, was ich mir zutrauen kann. Und da setze ich auch keinen falschen Ehrgeiz an."

Herr S. bezeichnet seinen Körper als "funktionstüchtige Maschine", von der er wisse, daß er sich auf sie verlassen könne. Er erwarb umfangreiches Wissen beispielsweise über die unterschiedlichen Muskelgruppen und -funktionen anhand sportwissenschaftlicher Fachliteratur. "Wenn Du dir bewußt wirst, was geht in meinem Körper vor, wenn ich mich bewege. Wie schade ich meinem Körper. Wenn Du Dich halt immer auch mit Deinem Körper beschäftigst. Wie funktioniert der, wie hängt der zusammen." Diese Auseinandersetzung mit dem Körper versteht Herr S. als Teil des am Wandern so geschätzten Selbsterlebens. Durch die starke Belastung aufgrund der Schwere des Gepäcks und des anspruchsvollen Weges erlebt Herr S. die Leistungsfähigkeit und das Können seines Körpers als positiv. "Also sicher, am Anfang der Tour erfährt der Körper eine ungewohnte Belastung. Den Rucksack tragen, das gibt halt Druckstellen, das ist ganz normal. Ich spüre dabei auch Füße und Gelenke. Na, Du merkst dann halt einfach, wie der Körper sich der ungewohnten Bewegung widersetzt. Und Du merkst auch so im Laufe der nächsten Tage, daß dieses Widersetzen immer mehr einem Lustempfinden weicht, einer Lust am Gehen, am Wandern, an der Bewegung."

Dieses Wissen und Erfahren der Funktionstüchtigkeit des eigenen Körpers schafft neben dem Vertrauen auf die Ausrüstung und in die eigene Person Gefühle von Sicherheit. Und es ermöglicht "ein Wegfallen von Ängsten. Jetzt habe ich keine Ängste mehr." Herr S. kann durch diesen Wegfall auf seine Trittsicherheit vertrauen und geht demzufolge gerne anspruchsvolle Touren. Langfristig beabsichtigt er, neben dem Wandern vermehrt Bergsteigen und Freiklettern an Felshängen zu betreiben.

Offensichtlich ist Herr S. ständig darum bemüht, die Grenzen seiner Angst und seines eigenen Könnens durch Erleben derselben auszutesten. Es geht ihm dabei um Erweiterung seiner Fähigkeiten und Minimierung seiner Ängste. So auch beim Übernachten im Biwaksack bei Nachtfrost: "Man ist jetzt an diesem Ort und da ist kein anderer weit und breit. Man ist jetzt wirklich ganz alleine. So, daß ich mich dann mit dem Alleinsein beschäftige. Und auch schauen, wenn man Ängste entwickelt, gerade was die Dunkelheit angeht. Ob da Ängste sind. Wie weit man das alles auch selbst in den Griff bekommt, also da passiert schon sehr viel."

Das Streben nach immer besserem Können und größerer Selbstbeherrschung benennt Herr S. mit Leidensfähigkeit: "Und auch diese Leidensfähigkeit an sich zu kennen, beispielsweise wenn es einem ganz mies geht. Man kann also über den Willen einiges schaffen. Das weiß ich von mir über den Sport und auch über das Wandern. So z.B. in Nepal, das war nur noch Wille. Wo der Körper nur sagte, setze Dich hin, ruhe Dich aus, lege Dich schlafen. Nur der Wille sagte: konzentriere Dich, das ist Dein Ziel, da willst Du, mußt Du hin. Wo dann eine wahnsinnige physische Anstrengung dahinter stand." Den toten Punkt der physischen Mattheit mit Hilfe des Willens zu überwinden scheint Herrn S. ausreichend Ansporn dafür zu sein, sich auf Wanderungen ab und an in Extremsituationen zu begeben. Dennoch geht Herr S. seiner Meinung nach nur kalkulierbare Risiken ein, besonders wenn er allein unterwegs ist.

Das Alleinwandern hat für Herrn S. den Vorteil größerer Flexibilität in seinen Entscheidungen. Bisweilen vermißt er zwar den fehlenden Austausch bezüglich schöner Erlebnisse und fehlendes Feedback. Dies stellt für ihn jedoch keinen Grund dar, sich gegen eine Alleinwanderung zu entscheiden. Alleinwandern ermöglicht ihm neben dem Austesten der eigenen Grenzen ein Zur-Ruhe-Kommen und größtmögliche Naturerfahrung. "Ich merke halt, daß ich aus der Natur sehr viel Kraft schöpfen kann und die logische Konsequenz dessen Wandern ist. Weil Du durch Wandern einfach Natur am intensivsten erfährst. Deswegen wandere ich auch alleine, da kann ich mich am besten darauf konzentrieren und werde nicht abgelenkt." Und: "Wandern ist für mich eine Möglichkeit, mich von meinem Alltag loszusagen und wirklich mal zur Ruhe zu kommen. Also die ganzen Zwänge, die man im Alltag hier so zu Hause hat, abzustreifen, sich auf das Wesentlich besinnen. Das heißt, man reduziert sich auf existentielle Grundbedürfnisse, und dadurch hast Du sehr viel Zeit oder erstmal Raum für Dich selbst."

Natur ist für Herrn S. ein weit gefaßter Begriff. Er sieht den von Menschen gepflanzten Baum auf einer Hauptverkehrsstraße bereits als Ausdruck derselben an. "Ich sehe die Natur schon in ihrer Ursprünglichkeit, vor allen Dingen immer wieder mit der Fähigkeit, sich exogenen Umständen anzupassen. Also, sie ist nie in einer Form, in der sie irgendwie nicht mehr weiter weiß. Sie arbeitet mit dem, was da ist." Herr S. versteht sich auf seinen Wanderungen sowohl als Betrachter von Natur, bisweilen aber auch als deren immanenter Bestandteil: "Es gibt Momente unterwegs, da fühle ich mich unendlich eins mit der Natur." Herr S. erzählt davon, daß er in gefährlichen Extremsituationen nur dann die Chance eines Weiterkommens erfahren habe, wenn er nicht gegen die äußeren Umstände gekämpft habe, sondern sich ihnen angepaßt hätte. "Kämpft man gegen die Natur, würde man sterben. Geht man mit dem Wald oder den Bergen, lebt man in und mit ihr."

Herr S. ist insgesamt ein sehr sinnlich lebender und die äußeren Dinge bewußt wahrnehmender Mensch. Er bevorzugt im Vergleich zu seiner Umgebung ein langsameres Lebenstempo. So beschäftigt er sich mit höchst unterschiedlichen Dingen wie Philosophie und Literatur, studiert, arbeitet und betreibt viel Sport. Dies alles ist ihm wichtiger als ein schnell absolviertes Studium und eine darauf aufbauende Karriere. So ist Wandern Ausdruck dieser Lebenseinstellung. "Meine Lebensziele haben eigentlich dazu geführt, daß Wandern irgendwann automatisch entdeckt werden mußte – letztendlich."

3.4. Zusammenfassung Interview Jürgen M.

Jürgen M. ist ein 29jähriger Student der Diplompädagogik. Seinen Lebensunterhalt finanziert er sich durch Gelegenheitsjobs und mit der finanziellen Unterstützung von seiten seiner Mutter. Er bezeichnet sich im Interview einerseits als erwachsen, bisweilen erlebe er sich aber auch als Kind.

Herr M. verbrachte die ersten zehn Lebensjahre in einer süddeutschen Kleinstadt, später lebte er in einem ländlichen Vorort Kölns. Er wanderte bereits als Kind regelmäßig mit seinen Eltern, wurde hierzu jedoch oft gezwungen. Mit siebzehn ging Herr M. zum erstenmal gemeinsam mit einem Freund nach Schwedisch-Lappland wandern. Hauptkriterium für die Auswahl dieses entlegenen Reisezieles war der Wunsch nach Zivilisations- und Menschenflucht. "Wir wollten möglichst weit weg, irgendwohin, wo wenig oder möglichst gar keine Leute sind, nur Wildnis, keine Stadt und kein Auto." Wandern und Reisen erhält für Herrn M. Fluchtcharakter. Wenn er die Stadt nicht mehr zu ertragen vermeint, viel Ärger um die Ohren oder vergleichbaren Streß erlebt, entschließt er sich häufig zu einer kurzfristigen mehrtägigen Wanderung. Solches praktiziert er seit zwölf Jahren, teils alleine, teils zu zweit. Herr M. wandert demzufolge sowohl am Wochenende in der näheren Umgebung Kölns als auch regelmäßig im Urlaub. Er bevorzugt die Kombination von Trampen und Wandern, wobei er an beiden das Gefühl der Ungewissheit schätzt. Das Trampen scheint eine Übergangsfunktion zwischen Großstadt und Wildnis darzustellen. Herr M. hat beim Trampen viel Kontakt mit Lärm und dem Gestank von Autos und ist auf die Gutwilligkeit anderer Autofahrer angewiesen. Er gewinnt hierbei jedoch ein Gefühl von Freiheit, erlebt sich als von normierten Zwängen unabhängig und gelangt in menschenleere Gegenden. Somit ist bei ihm die Reise an sich schon ein Ausstieg aus dem Alltagsleben, trägt allerdings noch Charakterzüge davon.

Am Wandern selbst schätzt Herr M. das Übernachten außerhalb eines Hauses, "draußen Feuer zu machen, mit der Stadt nichts zu tun zu haben und unabhängig zu sein von irgendwelchen Geräten wie Fahrrad oder Auto. Sondern einfach nur zu Fuß zu sein." Er kam sehr früh mit neunzehn Jahren zum Alleinwandern, dies allerdings "notgedrungen". Er fand damals niemand, der bereit war, mit ihm in Nordeuropa wandern zu gehen. Generell wandert Herr M. lieber zu zweit als alleine, besonders auf längeren Touren. Jedoch ist es ihm bisweilen derart wichtig, möglichst schnell und weit aus zivilisierten Gegenden zu entkommen, daß er sich kurzfristig für das Alleinwandern entscheidet. "Aber normalerweise ziehe ich es vor, zu zweit zu laufen. Das finde ich eigentlich besser. Aber manchmal habe ich auch Lust, alleine zu laufen, so für drei Tage. So nach dem Motto, ich will jetzt keinen mehr sehen, jetzt will ich meine Ruhe haben." Ergebnis dessen ist, daß Herr M. meistens alleine einwöchige Wanderungen durchführt, die allerdings ursprünglich für einen längeren Zeitraum geplant waren als wie sie dann letztendlich verliefen. Herr M. brach diese Wanderungen zumeist aufgrund schlechten Wetters ab. Dies liegt u.a. daran, daß seine innere Stimmung größtenteils vom Wetter und den äußeren Gegebenheiten abhängig ist. "Das war halt auch das Wetter. Es war schlecht, und dann ging auch meine Stimmung runter. Während bei gutem Wetter, da hatte ich genug zu tun. Da konnte ich mich irgendwo hinlegen, auf einen Berg steigen, angeln. Bei schlechtem Wetter kannst Du halt nirgendwo Rast machen, Dich entspannen, dann bist Du mehr getrieben." Bereits dieses Ausgeliefertsein dem Wetter gegenüber läßt eine längere Alleinwanderung im häufig naßkalten Nordeuropa, Herrn M.'s bevorzugtes Wandergebiet, schon unwahrscheinlich werden. Zudem erlebt Herr M. eine Alleinwanderung über einen längeren Zeitraum hinweg als ein sehr einsames Unternehmen. "Es war halt der vierte oder fünfte Tag, da stellte sich bei mir so eine Art Langeweile ein. Der Mangel, mit irgendjemanden zu sprechen. So die ersten drei Tage war das überhaupt kein Problem. Am vierten Tag fing es dann so langsam an mit Selbstgesprächen, das war dann nicht mehr so lustig." Herr M. ißt in solch einsamen Situationen auch weniger und bekommt aufgrund dessen "Schwächeerscheinungen.(...) Ich meine, das Problem beim Alleinwandern ist einfach das Essen. Wenn Du zu zweit unterwegs bist, kochst Du mit mehr Genuß und mehr Zeitaufwand. Es macht mehr Spaß, ist auch eine Interaktion. Während alleine ist es mehr eine Nahrungsaufnahme und weniger Genuß." Demzufolge nimmt unterwegs seine Kondition im Gegensatz zu anderen Wanderern nicht zu, sondern ab. "Ich merke, daß nach einer gewissen Zeit die Kondition und der Einsatz abnimmt. Aber die Gewohnheit nimmt zu, das heißt, ich kann weiter, besser und schmerzfreier laufen. Aber im Kopf habe ich dann so ein Gefühl von leicht besoffen sein. Also so ein Trunkenheitsgefühl."

Zusammenfassend ist festzustellen, daß der Fluchtgedanke Hauptmotivation für das Alleinwandern von Herrn M. ist. Das Bedürfnis der Stadt zu entfliehen, ist nach einigen Tagen Alleinwandern in völliger Einsamkeit befriedigt, die Wanderung wird meist vorzeitig beendet, obgleich ursprünglich länger geplant. "Da war ich so genervt von der Stadt, ich wollte Wandern, unbedingt." Aufgrund dieses ständig wiederholten Abbruchs kann eine Eigendynamik einer längeren Wanderung nicht entstehen.

Dennoch erlebt Herr M. für das Alleinwandern typische Situationen: "Allein lebst Du halt intensiver. Mir kommt da eine Woche doppelt so lange vor. Du redest mit keinem, also der Bezugsrahmen dreht sich nicht um Deutschland, oder um irgendwelche Leute. Das Gefühl dort zu sein, ist intensiver manchmal. Dieses Extrem-Sein und das intensive Fühlen, das steht beim Alleinwandern im Vordergrund." Herr M. wird in einer menschenleeren Landschaft verstärkt auf sich selbst zurückgeworfen und ist während des Wanderns gelassener und ruhiger als in der Stadt. Einfluß hierauf hat die Langsamkeit der Fortbewegung. Während des Gehens ist eine bewußtere Wahrnehmung möglich. Diesbezüglich erscheint Herrn M. Radfahren als zu hektisch und zu schnell. Herr M. unterscheidet weiterhin zwischen Erleben und einem Sich-die-Dinge-Ansehen: "Manchmal willst du Dir was bestimmtes angucken. Und dann willst Du es aber auch erleben. Wie es ist, im Berg zu sein. Deine Gefühle mit der Natur anders zu erleben. Und das ist eine andere Motivation. Das Gefühl dann einfach dort zu sein." Während beim Reisen im Auto der Betrachter großartige Panoramen und unterschiedliche Landschaften als eher Außenstehender betrachtet, ermöglicht Wandern das Leben in unterschiedlichen Situationen und das Erleben in Landschaften. Diese können für Herrn M. je nach Wetterlage als schön, aber auch als bedrohlich erscheinen. Er beschreibt den Naturbegriff als völlig von der menschlichen Sichtweise abhängig: "Das ist eine Frage der Sättigung, des Bedürfnisses. Ich kann hier durch den Park laufen und gesättigt sein." In diesem Zusammenhang wird Landschaft lediglich als Kulisse für die eigenen Bedürfnisse und Wünsche genutzt. Je nach Stimmungslage fährt Herr M. demnach in schneebedeckte Berge oder in eine lieblich erscheinende Landschaft Italiens: "Da hatte ich gerade Streß hier, ja wollte einfach so für mich alleine sein, meine Ruhe haben und mit mir mal wieder klar kommen. Da habe ich dann halt das Extreme gesucht." In solch einer Gemütsverfassung fährt Herr M. in die Berge und steigt im Schneeregen auf 3000m Höhe auf. Hier erlebt er die Natur als "zum Teil bedrohlich, toll und schön." Er begibt sich trotz schlechten Wetters auf eine risikoreiche Wanderung und sucht bewußt die Gefahr. "Ja und ich dachte, es kann gefährlich werden, wenn es die ganze Nacht so schneit, daß Du dann eingeschneit wirst und nicht weiterkommst. Dachte, na ja, ich habe jetzt noch so für eine Woche Proviant, habe einen guten Schlafsack, na ja, einen mäßig guten. Und das fand ich richtig spannend. Das habe ich auch genossen. Ich habe das auch provoziert." Dieses planmäßige Herbeiführen von Extremsituationen während einer Alleinwanderung ermöglicht wiederum ein Sichtbarmachen und Austesten der eigenen Grenzen. Herr M. geht häufig so lange, bis er an einen Punkt gelangt, an dem er Panik bekommt und die Grenzen seiner psychischen Belastbarkeit konkret wahrnimmt. Erst dann baut er sein Zelt auf und wartet auf besseres Wetter. "Gerade auch wenn Du über einen Paß mußt, wo Du weißt, da mußt Du mit Schnee und Regen rechnen. Und den Weg nicht mehr siehst. Das kann gefährlich werden. Da kommst Du schon in so einen Grenzbereich. Also zu wissen, es wird gefährlich. Jetzt muß ich aufpassen, mich konzentrieren. Anspannung, das ist so das Gefühl. Also in einem Fall, wo es so geregnet hat, da habe ich mein Zelt aufgebaut. Es war mehr so eine Intuition."

Ausschlaggebend für den Abbruch einer Tour ist nicht die tatsächlich vorhandene Unmöglichkeit des Weitergehens, sondern das subjektive Erleben der eigenen Grenzen. Diese wiederum sind abhängig von der jeweiligen Gemütsverfassung, die wiederum durch die äußeren Umstände und das Wetter mitbeeinflußt wird. Herr M. betont häufig, daß er während des Wanderns immer wieder Situationen mit Entscheidungsnotwendigkeit erlebt: "Da habe ich echt lange hin und her überlegt. Wie geht der Weg überhaupt weiter. Ist das zu gefährlich oder nicht. Und da war auch so der Aspekt, wenn ich da alleine steckenbleibe, dann holt Dich da keiner raus."

Ein Gefühl von Sicherheit gewinnt Herr M. hauptsächlich durch das Vertrauen auf die mitgenommene Ausrüstung. Nur beiläufig erwähnt er auch ein Vertrauen in die eigene Erfahrung, neben dem Wissen, "es kann Situationen geben, unvorhergesehene Situationen auch positiver Art. Das habe ich auch schon erlebt. Ich muß da nicht völlig verzweifeln." Weiterhin hat für Herrn M. das Gehen in kritischen Situationen eine beruhigende Wirkung: "Der Rhythmus des Gehens, also daß ich gehe, fällt mir eigentlich nur bewußt auf, wenn ich nicht so gut drauf bin und mich auf irgendetwas konzentrieren möchte. Wenn ich irgendwie schlecht drauf bin, keine Lust mehr habe. Ich meine, ich konzentriere mich auf das Gehen, so wie wenn man ruhig atmet."

Insgesamt hinterläßt Herr M. einen sehr widersprüchlichen Eindruck bezüglich seiner im Interview gemachten Aussagen. Er ist sich seiner so sicher, daß er sich auf nicht ungefährliche Alleinwanderungen in sehr entle-

gene Gebiete begibt. Gleichzeitig ist er sich seiner selbst sehr unsicher, te-
stet ständig seine Grenzen aus. In Krisensituationen verläßt er sich mehr
auf seine Ausrüstung als auf die eigene Person. Zumindest ist er sich seines
Vertrauens in die eigenen Fähigkeiten nicht bewußt und vermag diese nicht
definitiv zu benennen. Dies wäre auch ein möglicher Grund dafür, sich seines Könnens und seiner Zuverlässigkeit in Extremsituationen immer wieder bewußt werden zu müssen. Erst wenn die eigenen Fähigkeiten in gefährlichen Extremsituationen wiederholt erlebt und konkret gespürt werden, scheint Herr M. sich seiner selbst sicher zu werden.

3.5. Zusammenfassung Interview Christian S.

Christian S. ist ein 25jähriger Student der lateinamerikanischen Regionalwissenschaften. Er hat Zeit seines Lebens in einer Großstadt gelebt und
plant in absehbarer Zeit einen längeren Auslandsaufenthalt in Lateinameri-
ka.

Herr S. wandert seit seiner Kindheit mit der üblichen pubertären Verweige-
rungspause. Zunächst von den Eltern auf kleineren Wanderungen mitgenommen, kombiniert er inzwischen Urlaub mit Wandern bzw. Radfahren.
Nach Beendigung der Schulzeit reiste er zusammen mit einem Freund mehrere Monate durch Südamerika und erlebte hier, wenn auch eher zufällig,
eine "Wiederentdeckung des Wanderns". Zu Anfang dieser Reise bewegte
er sich hierbei noch mit Hilfe eines Geländewagens durch entlegene Gebiete. Er besichtigte von Auto und Zug aus touristisch erschlossene Landschaften und war zunehmend bemüht, von "den ausgetretenen Pfaden run-
terzukommen". Dies wurde Beweggrund für eine mehrtägige Wanderung
auf einem Inkapfad in den Anden. "Es war etwas anderes, einen Weg aktiv
zu erleben, nicht nur so mit dem Zug oder dem Bus dadurch zu fahren.
Weil, so habe ich mich der Natur dort irgendwie fern gefühlt. Da bist Du
mitten in den entlegendsten, schönsten Gebieten und kannst es immer nur
durch die Fensterscheiben betrachten. Aber Gehen war da so ein neues Gefühl."

Dieser noch unprofessionell durchgeführten Urlaubswanderung schloß sich im darauffolgenden Jahr eine Reise durch Andalusien zu Fuß kombiniert mit Trampen an. Diese erste Reise alleine fand mit einundzwanzig Jahren statt, beinhaltete aber noch keine durchgängige Wanderung. Wiederum ein Jahr später änderte sich auch dies. Während einer viermonatigen Neuseelandreise wanderte Herr S. zehn Tage lang auf einer südlich vom Festland gelegenen Insel. Diese war nahezu unbewohnt und bestand hauptsächlich aus Urwald. Herr S. benutzte einen mit Unterständen versehenen, kartographierten Wanderweg. Dieser wurde selten von Menschen benutzt, so daß der Weg streckenweise nur schwer ausfindbar war. Dadurch war Herr S. völlig auf sich selbst gestellt, was er als durchaus angenehm empfand. Er hatte Neuseeland u.a. deswegen als Reiseziel ausgewählt, da er für einen gewissen Zeitraum Abstand zu seinem damaligen Alltagsleben gewinnen wollte. Die Durchwanderung von Stuart Island war eine Konsequenz dieses zeitlich begrenzten Rückzuges. "Am ehesten hängengeblieben ist dieses Versinken in der Einsamkeit. Es war wirklich im wahrsten Sinne des Wortes am Ende der Welt." (Pikanterweise begann am Vorabend der Wanderung der Golfkrieg. Herr S., politisch durchaus interessiert, erhielt somit während der nun folgenden Tage keinerlei Informationen über den weiteren Verlauf dieses weltpolitischen Geschehens.)

Gänzlich von der Welt abgeschnitten inklusive des bewußten Verlassens herkömmlichen Alltagslebens, erlebte Herr S. eine Reduktion seines Lebens auf die eigene Person und die ihn umgebende Landschaft. Da das vorgefundene Terrain zwar schwierig zu gehen, das Wetter sich wider Erwarten allerdings als gut erwies, ereigneten sich bezüglich der äußeren Umstände keine existentiell bedrohlichen Situationen. Der Weg führte durch eine von Flußtälern tief eingekerbte Berglandschaft und erforderte ein ständiges Bergauf- und Bergabgehen. Abgesehen von diesen Gegebenheiten barg die Wanderung keine weiteren Gefahren. Demzufolge stand nicht eine Bewältigung risikoträchtiger Wegpassagen oder ein Ausgeliefertsein an unberechenbares Wetter im Vordergrund. Vielmehr erwies sich die Gleichförmigkeit von Weg und Wanderung als Charakteristikum und Ursache für die sich daraus entwickelnden Prozesse: "Ich habe festgestellt, daß die Natur, die löst einfach die ganzen Prozesse in mir aus. Diese Prozesse, daß ich ruhiger werde, daß ich meinen Rhythmus ändere, daß ich ausgeglichener werde. Durch diese Wechselwirkung von einem beruhigenden Umfeld und der Bewegung, die man dabei vollzieht." Hierdurch entwickelte sich eine Eigendynamik des Gehens: "Na, am Anfang bin ich wahrscheinlich auch zu schnell gegangen. Da hatte ich noch nicht so ganz abgeschaltet und mich darauf eingestellt, daß ich jetzt unterwegs bin. Mit der Zeit wurde ich aber unheimlich ruhig beim Wandern. Dann bekam ich einen unheimlich gleichmäßigen Rhythmus des Gehens. Und dann setzte das in mir so einen Prozeß in Gang, daß ich unheimlich gut nachdenken konnte. Ich führte dann auch Tagebuch." Das Gehen als äußeres Sich-Fortbewegen hatte ein allmähliches Aufspüren des eigenen Wanderrhythmus zur Folge: "Es stellte sich dann nach drei, vier Tagen ein, daß ich völlig ruhig wurde und eben nur noch lief. Ohne daß ich überhaupt noch merkte, daß ich mich fortbewegte. Aber da nahm ich die Natur, das alles überhaupt gar nicht mehr wahr. Sondern meine Gedanken verselbständigten sich so. Ich lief praktisch nur noch automatisch und sah nicht mehr bewußt, wo ich lang lief." Rhythmus wird in diesem Zusammenhang sowohl als Rhythmus des Gehens als auch des der eigenen Person angemessenen Tagesablaufes verstanden. Da sämtliche äußeren Zwänge und Sicherheiten des Alltagslebens entfallen, ist die Schaffung eines sog. Wanderalltages notwendig: "Ich hatte später dann so einen richtig eigenen Lebensrhythmus auf dieser Wanderung entwickelt. Also ich stehe praktisch mit der Sonne auf, gehe dann los, habe so meine täglichen Verrichtungen und probiere irgendwo so ein bißchen den Tag einzuteilen."

Zudem wird die landschaftliche Umgebung zu einer Kulisse für ein inneres Erleben seiner selbst degradiert. Das Alleinsein in einer für das Wandern (abgesehen vom äußerst nassen Untergrund) sehr günstigen Umgebung war für Herrn S. nicht Qual und Bewältigung kritischer Überlebenssituationen. Er erlebte die Einsamkeit vielmehr als etwas positives und schien mit dem zeitlich begrenzten Alleinsein sehr zufrieden zu sein. Der hierbei erwähnte Prozeß entwickelte sich von einem Zur-Ruhe-Kommen hin zu einem "Selbstfindungs- und Selbstreinigungsprozeß. (...) Die ersten Tage brauche ich immer so ein bißchen, um in meinen Rhythmus reinzukommen. Da habe ich noch nicht so ganz abgeschaltet, mache mir noch sehr viele Gedanken. Aber nach drei bis vier Tagen läufst Du einfach nur noch und fällst automatisch in Deinen Trott. War wie gesagt auch noch mit diesem Golfkrieg beschäftigt. Und war noch nicht so ganz da." Nachdem Herr S. mit dem Nachdenken über vergangene Ereignisse und politisches Geschehen allmählich aufhörte, fand eine Art unbewußtes Nachsinnen über die eigene Person während des Gehens statt. Dieses Denken unterwegs war selten bewußt rational, sondern "lief mehr im Hinterkopf ab." Folge hiervon war eine dermaßen große Selbstversunkenheit, daß die äußere Landschaft nicht mehr wahrgenommen wurde und das Gehen sich zu einer verselbständigten Bewegung entwickelte. Diese vom Gehen getragenen unbewußten Denkprozesse veranlaßten eine Konzentration weg vom äußeren hin zum inneren Geschehen. "Ich merkte nach einer ganzen Weile oft erst immer, wo ich war. Daß ich jetzt eine ganze Zeit völlig besinnungslos vor mich hergelaufen sein muß. Das war genauso wie wenn ich morgens nach einem Traum aufwache. Daß ich auf einmal wahrnahm, daß um mich rum die Vögel zwitscherten, daß ich irgendwo mitten im Wald oder sonstwo war. Daß ich einfach an der Strecke, die ich zurückgelegt habe, merkte, daß ich ganz woanders war als vorher." Diese sich tagsüber während des Gehens entwickelnden Gedanken faßte Herr S. abends schriftlich zusammen. Ergebnis der sich tagsüber entwickelnden und im Schreiben nachträglich interpretierten Gedanken war eine innerliche Ausgeglichenheit. Erst diese Kombination unbewußten Nachdenkens in der Bewegung mit späterer schriftlicher Fixierung ermöglichte ein "anderes Erleben und Verstehen." Beides, das Denken in der Bewegung und anschließendes schreibendes Verstehen schienen zu einer innerlichen Fortentwicklung zu führen.

Neben dem Erleben innerer Stimmungen stand das Gewahrwerden einer körperlichen Belastbarkeit im Zentrum der Wahrnehmung. Ein "Gefühl von körperlicher Ausgeglichenheit" war Ergebnis der Wanderung. Herr S. war zudem überrascht, wieviel "Energie aus meinem Körper herauskam."

Diese eher ganzheitliche Selbsterfahrung steht in völligem Kontrast zum Kölner Alltagsleben: "Ja ok, jetzt lebe ich ein Jahr total verloddert und mache dann wieder sechs Wochen Rekreation im Urlaub. Das ergibt sich mittlerweile so, war aber nicht geplant. Auch, daß dieser Schnitt total spürbar ist. Ich habe dann immer Prüfungen bis zum letzten Tag, setze mich dann ins Flugzeug. Und bin auf einmal irgendwo. Und die ersten Tage nehme ich überhaupt nichts wahr. Weil ich noch so in Köln bin und erst allmählich ruhiger werde. Und dann geht der ganze Prozeß wieder von vorne los." Ähnlich ergeht es dem Naturerleben von Herrn S.: Abgesehen von oben erwähntem kulissenartigen Charakter bezüglich innerem Erleben erhält Natur für Herrn S. gleichzeitig partnerschaftliche Wertigkeit. Durch das Leben in diesem natürlicheren Umfeld als dem der Stadt erlebt Herr S. "eben auch diesen totalen Einklang mit der Natur" und geht z.B. abends fischen. Auch die völlige Abgeschiedenheit von jeglicher menschlicher Zivilisation wird als äußerst erholsam beschrieben. Aber Natur wird auch zu einem Objekt, welches einmal im Jahr besichtigt wird. "Vielleicht dadurch bedingt, daß mein normaler Lebensrhythmus einfach in der Stadt abläuft. Daß die Natur tatsächlich für mich was ist, wo man einmal im Jahr hinfährt, wie wenn man in den Zoo geht, um wilde Tiere zu sehen vielleicht. Ich komme mir da wie ein Gast in der Natur vor, so eben als Betrachter oder Tourist."

Im Gegensatz zur beschriebenen Neuseeland-Wanderung lebt Herr S. in seinem städtischen Alltag sehr betriebsam mit vielen Terminen und umgeben von vielen Menschen. Sein Stadtleben weist zudem einen gänzlich anderen Lebensrhythmus auf als der seines Wanderalltages. Wandern bzw. Reisen generell bildet einen Kontrapunkt zum Stadtleben. Diese extremen Gegensätze im Leben von Herrn S. werden von ihm jedoch nicht als miteinander unvereinbar verstanden, sondern bedingen sich gegenseitig. "Ich habe nie auf dem Dorf gelebt. Das erklärt vielleicht auch die Sehnsucht nach etwas anderem oder zumindest das zeitweilige Aussteigen aus diesem Stadtumfeld." Es wurde zwar zeitweise darüber nachgedacht, "dieses Lebensgefühl des Wanderns konstanter zu erleben. Wenn man einfach in einer ruhigeren Umgebung lebt. Aber ich glaube, ich würde da auch jede

Menge vermissen." Das Fehlen undramatischer Urlaubsereignisse läßt vermuten, daß die Suche nach selbstgestaltetem Abenteuer und dem darin enthaltenen Austesten der eigenen Grenzen zumindest nicht im Vordergrund des alljährlichen Ausbrechens aus dem Lebensalltag steht. Gleichwohl läßt der Kontrast von Stadtleben und einsamer Wanderung eine gewisse Dynamik im Leben von Herrn S. vermuten. Die durch die beiden Extreme von Reise- und Alltagsleben entstehende Spannung inklusive zweier völlig unterschiedlichen Lebensstile und -rhythmen tragen zumindest das Potential von Veränderungen in sich.

3.6. Zusammenfassung Interview Ludger H.

Herr H. ist ein 33jähriger freiberuflicher Übersetzer und Dolmetscher. Er verbrachte sein gesamtes Leben in einer größeren Stadt und wohnt derzeit in einer Zweier-WG in Köln. Aufgrund seines Berufes ist Herr H. häufig auf Reisen. 1992 schrieb er eine Diplomarbeit über den wandernden Landart-Künstler Richard Long. Herr H. beschreibt in dieser Arbeit Wandern als Teil eines Kunstkonzeptes. Zudem malt er selbst.

Aufgrund eines schon seit der Kindheit vorhandenen Bedürfnisses nach Wald, Landschaft und Ruhe kam Herr H. zum Wandern. Dies bewog ihn 1988 erstmalig dazu, in seinem Urlaub eine länger andauernde Wanderung durchzuführen. Zudem suchte Herr H. nach einer Erholungsmöglichkeit abseits des Massentourismus. Wichtig erschien ihm von Anfang an, nicht nur während einer Wanderung, sondern bereits auf dem Weg dorthin sich so weit als möglich ökologisch zu verhalten. "Also ich wandere aufgrund eines Urlaubs-, Freizeit- und Ruhebedürfnisses. Aber entsprechend fliegen oder mit dem Auto in die Ruhe kommen, das ist irgendwie kontraproduktiv in sich." Bereits hier fällt auf, daß eine klare Trennung zwischen Alltagsverhalten und Urlaubserleben für Herrn H. nicht möglich ist. Wandern ist zwar für Herrn H. ein zeitlich befristeter Freiraum von Berufsstreß und Alltagsverpflichtungen. Jedoch steht bei ihm im Gegensatz zu anderen Wanderern Urlaub und Alltag in einem engerem Zusammenhang. So wird eine Wanderung häufig mit einem beruflich bedingten Auslandsaufenthalt verbunden. Die dem Wandern zugrundeliegende Lebenseinstellung ist von der des Alltages nicht zu trennen. Die unterwegs gewonnenen Erfahrungen von Herrn H. haben Einflüsse auf den Alltag und umgekehrt. Dies verweist auf ein eher dialogisches Verhältnis von Urlaub und Alltag.

Besonders deutlich zeigt sich diese tendenziell ganzheitliche Lebenseinstellung von Herrn H. in seinem Verständnis von Kunst. Er versteht "Wandern als Kunsterfahrung oder als Bewegung, als Teil eines Kunstkonzeptes, die Erfahrung der Wahrnehmung usw. beim Wandern innerhalb einer Landschaft." Hier wird die Verbindung von Beruf, Alltag und Urlaub in Auseinandersetzung mit den Themenbereichen Kunst und Wandern geschaffen. Erheblichen Einfluß hierauf scheint die Beschäftigung mit Richard Long während der Diplomarbeit gewonnen zu haben. In dieser übersetzte Herr H. ein in Englisch geführtes Interview mit Richard Long über das Wandern und dessen Einflußnahme auf ein hierfür spezielles Kunstverständnis. Wandern in Zusammenhang mit dem Beruf (Übersetzer), Freizeit und Lebensphilosophie inklusive Wahrnehmungspsychologie vermischen und verwirren sich gegenseitig.

Wahrnehmung ist für Herrn H. zentraler Begriff einer ganzen, dem Wandern zugrunde liegenden Lebensphilosophie. Somit ist Wandern nicht nur körperliche Fortbewegung, Genuß von Ruhe und Natur. Sondern Herr H. versteht dieses auch als "Therapie über die Augen". Wahrnehmung der äußeren Landschaft steht in enger Beziehung mit den unterwegs sich entwickelnden Gedanken. Während der ersten Tage einer Wanderung ist Herr H. gedanklich noch sehr mit seinem Alltagsleben beschäftigt. Dies ändert sich im weiteren Verlauf: "Und irgendwann setzt es dann ein, durch die Beschäftigung mit der Landschaft und mit der Wanderung selber. Also mit dem, was Du siehst. Also die Gedanken hören auf, sich vor die Wahrnehmung zu stellen. Und die Wahrnehmung gewinnt halt Raum im Kopf. Und dann ist da ein Wohlgefühl da, aber nicht unbedingt vor dem zweiten Tag." Die Wahrnehmung erhält Einfluß auf eine während der Wanderung vorhandene innere Bewegung. Beides ist für Herrn H. voneinander nicht zu trennen: "Und das eigentlich nur ein gutes Verhältnis, eine vernünftige Wahrnehmung herrschen kann, und auch meinetwegen letztendlich eine gewisse Ich-Festigkeit, psychoanalytisch, wenn Du auf die äußere Bewegung, die auf Dich eindringt, eine innere Bewegung aufbauen kannst." Ruhe, Abgeschiedenheit und das Erleben einer als schön empfundenen Landschaft haben somit eine innere Auseinandersetzung mit der eigenen Person zur Folge. Diese Beschäftigung mit sich selbst während einer Wanderung unterscheidet sich von der Selbstwahrnehmung im Alltag. Die während einer Wanderung vorhandene "Vereinfachung von täglichen Strukturen" gibt Gelegenheit, den zuvor erlebten Alltagsstreß zu ordnen. "Diese Konfrontation mit dem Müll. Jetzt bist Du schon draußen. Du beschäftigst Dich jetzt nicht mehr mit etwas Schwierigem, Aggressiven oder Problematischem. Sondern organisierst dieses Wandern, Deinen Schritt, was weiß ich nicht alles. Und dann hast Du halt eine bestimmte innere Bewegung gerade, die Du vorher aber eben nicht mehr in Deinem alltäglichem Leben wahrgenommen hast. (...) Und dann hinterher tritt dann das ein, was erwartet wurde. So dieses aus gewissen Lebenszusammenhängen raus zu sein. Darüber in einer abgebremsten Form halt nachdenken zu können." Dieses Ordnen der als "Müll" bezeichneten mitgebrachten Alltagssorgen wird als innere Bewegung beschrieben. Daß solches stattfinden kann, wird durch die äußere Fortbewegung und eben durch die Wahrnehmung der Landschaft ermöglicht. "Desto länger Du draußen bist und wirklich nichts mehr mit Deinem eigentlichen Lebensinhalten zu tun hast, desto mehr kann diese Aufbröselung stattfinden. Die innere Bewegung wird durch diese Wahrnehmung mit den Augen, die sich proportional intensiver draußen gestaltet, genährt. Und wird immer stärker als die Kraft, die von dem ganzen Müll ausgeht." Neben dem Begriff der Wahrnehmung gewinnt der des Rhythmus oder der Geschwindigkeit Bedeutung bezüglich des inneren Geschehens. "Daß Du langsam aber sicher so die Umwelt wahrnimmst. Daß dieser Müll mehr oder weniger untergeht. Die Wahrnehmung drängt sich da vor. Aber nur, oder vor allen Dingen weil Du Deine Geschwindigkeit oder meinetwegen den Rhythmus gefunden hast." Wahrnehmung und Gehgeschwindigkeit bedingen sich gegenseitig. Sie schaffen in dieser Kombination während des Wanderns eine eigenständige, sich hieraus entwickelnde, die ganze Person von Herrn H. umfassende Dynamik. Es bedarf allerdings einiger Tage, um zu diesem Finden der eigenen Geschwindigkeit und dem allmählichen Wahrnehmen der äußeren Gegebenheiten zu gelangen. "Die eigentliche Geschwindigkeit, die ich beim Wandern brauche, ist immer konstant. Wenn ich sie gefunden habe. Am Anfang ist es ein Chaos und hinterher ist es ganz klar. So laufe ich halt immer. Ich habe immer die gleiche Geschwindigkeit. Die zu finden brauche ich im besten Falle zwei Tage, aber sonst so drei Tage. Aber das hängt wirklich davon ab, was vorher alles so gelaufen ist, also der Müll." Ermöglicht wird dieses innerliche Zur-Ruhe-Kommen durch die Reduktion äußerer Lebensumstände und der Bewegung des Gehens in Kombination mit der Wahrnehmung der Landschaft. Während des Wanderns scheint Raum und Zeit für die in der eigenen Person ruhenden Themen, Probleme und Ideen zu entstehen. Eine Auseinandersetzung hiermit und ein Ordnen von wichtigen und unwichtigen Themen ist Folge davon. Voraussetzung hierfür ist die Bereitschaft, sich auf diesen Prozeß willentlich einzulassen. "Das kreative Moment dabei ist Auslieferung, mich auszuliefern dem unsicherem Terrain. Das ist eine Wanderung immer. Für mich ist das wie ein weißes Blatt, was sich erst langsam füllt. Das ist alles: das ganze Zusammenwirken von dem, was ich mitkriege, was dort auf mich einwirkt. Und was ich dann daraus mache. Und was ich hinterher davon halte. Was ich dann damit tue. Nach so einer Wanderung ist dann wieder ein neues Bild fertig. Dann bin ich selbst das Bild halt. Und mit dem Malen geht mir das genauso, irgendwann ist das Blatt voll. Obwohl ich nicht unterwegs male, schon gar nicht vor dem Motiv." Dieses Füllen des weißen Blattes kann auch als Veränderungsprozeß beschrieben werden. Alte Gewohnheiten und Themen gewinnen während einer Wanderung an Raum, werden erlebt und teilweise aufgegeben. Dies schafft Platz für Neues. "Und gleichzeitig gab es noch einen Heilungs- oder Erweiterungseffekt, weil die Stadt schon eben sehr stressig gerade war. Also durchaus einen therapeutischen Aspekt."

Auch das Wandern in einer Landschaft ist hierfür von essentieller Bedeutung. Sinnliche Wahrnehmung hat Einfluß auf oben beschriebenes Geschehen. Das Leben in der Natur, jedoch nicht als ein Teil von ihr, sondern als "Betrachter und Freund", ist Element des Veränderungsprozesses. "Ja, es ist einfach auch angenehm, dieses Naturverhältnis zu haben. Und es verändert mich. Ja, es sind verändernde Einflüsse. Es ist schon ausschlaggebend für das, was ich im Leben tue. Das, was ich da mitkriege, mache, erlebe, ist Teil meines Lebens." Herr H. beschreibt sein Naturverständnis zwar als romantisches. Gleichzeitig ist er sich bewußt, daß er die sog. 'ursprüngliche Natur' nicht erlebt, sondern eine vom Menschen manipulierte. "Man hat einfach auch diese Schemen im Kopf; daß man mit der eigentlichen Natur gar nichts mehr am Hut hat. Der man sich aber wieder nähern kann, wenn man wandert."

Hierfür vorteilhaft ist auch das Reisen alleine. Eine größere Konzentration auf Natur und die eigene Person ist möglich, aber auch eine größere Offenheit gegenüber anderen Menschen: "Was mir daran gefällt, ist dieser ruhige innere Dialog, der dann auftritt. Und das Begegnen mit Leuten. Es gibt jedesmal gute Begegnungen."

Insgesamt räumt Herr H. dem Wandern einen großen Stellenwert in seinem Leben ein. Die Trennung einzelner Lebensbereiche ist bei ihm oft aufgehoben. Viele Dinge werden von ihm nur als im Prozeß befindlich und zueinander in Beziehung stehend beschrieben. Dies schafft bisweilen eine Begriffsverwirrung und Verständlichkeitsprobleme. Aber: "das Dazulernen auf dem Weg ist eigentlich auch ein ständiger Begleiter."

3.7. Wandernde Frauen

Eine höchst bedauerliche Tatsache ergab sich während der Suche nach geeigneten Interviewpartnern. Trotz zahlreicher Bemühungen war in und um Köln lediglich eine Frau aufzufinden, die alleine wandert. Ursprünglich geplant war jedoch eine gleichmäßige Verteilung der Interviews auf beide Geschlechter. Da es jedoch nicht Beweggrund der vorliegenden Arbeit ist, männliche Erfahrungsberichte auf wandernde Menschen generell zu verallgemeinern, dient dieses Kapitel der Suche nach möglichen Gründen, warum Frauen offensichtlich seltener alleine wandern als Männer. Dadurch soll zumindest in Ansätzen vermieden werden, daß Frauen zu selten mit ihren Erfahrungen zu Worte kommen, bzw. ihre Erlebnisse als solche verstanden werden, die selbstverständlich von männlichen Erfahrungen ableitbar sind. Gerade beim Alleinwandern scheint dieses eben nicht der Fall zu sein.

Die einzige interviewte Frau erwähnte wiederholt ihre Ängste vor männlichen Belästigungen unterwegs, die sich zudem als begründet erwiesen. Solche Befürchtungen scheinen offensichtliches Hindernis für Frauen zu sein, alleine zu wandern. "Und ja, diese Angst, die hat mich öfter begleitet, so vor dem ganz alleine irgendwo übernachten, wobei ich später dann mehr Angst hatte, wenn irgendwelche Leute, nein nicht nur irgendwelche, sondern eben auch Männer kamen oder Jugendliche, die Langeweile hatten und dann mit den Motorrädern die Berge hoch fuhren und dann immer um meine Hütte fuhren. Da hatte ich dann immer wieder Angst. Und dann habe ich auch zu Tricks gegriffen, um nicht alleine dazustehen. Habe so getan, als gäbe es da noch so jemanden in der Hütte" (B.N.[28]).

Ein weiterer möglicher Grund, warum wesentlich mehr Männer als Frauen wandern, mag der sein, daß Männer tendenziell eher wissen, was sie tun wollen und wo ihre Interessenschwerpunkte liegen. Frauen scheinen sich generell in ihrem Tun eher an den Wünschen und Bedürfnissen anderer zu orientieren.[29] So wagen sie es seltener, sich zu einer Alleinwanderung zu entschließen, sind vielleicht auch eher bereit, sich auf Kompromisse einzulassen und mit einem anderen Menschen in ein Land zu reisen, in dem sie nicht unbedingt ihren Urlaub verbringen wollen. Weiterhin werden Menschen auf einer Alleinwanderung durch die äußeren Umstände gezwungen, den eigenen Wünschen und Interessen zu folgen, da eine Außen-

---

[28]im folgenden werden die Zitate, welche sämtlich aus den Interviews entnommen wurden, mit den Initialen der betreffenden Alleinwanderer gekennzeichnet

[29] vgl. hierzu: Carol Gilligan: Die andere Stimme. Lebenskonflikte und Moral der Frauen. München 1984

orientierung von seiten eines anderen Menschen nicht gegeben ist. "Wenn man alleine ist, dann gibt es ja so kein Feedback und keinerlei Kontrolle von jemand anderem. Man muß sich selber einschätzen und da kann es vielleicht sein, was mir auch passiert ist, wenn ich mich nicht richtig einschätze. Wie weit und wo meine Grenze dann wirklich ist. Die kannte ich so ja noch gar nicht" (B.N.). Und sofern Frauen es weniger gewohnt sind, zum Maßstab ihres Tuns tatsächlich ausschließlich die eigenen Bedürfnisse zu erheben, liegt es auch gar nicht in ihrem Interesse, alleine wandern zu gehen. Tun sie solches aber, sind es zumeist ältere, bereits vielgereiste Frauen, die alleine wandern.[30]

Dabei ist Alleinwandern eine hervorragende Möglichkeit, sich hinsichtlich der eigenen Fähigkeiten und Wünsche kennenzulernen: "Ich habe das Gefühl, daß sich so die Grenzen dessen, was ich so selber kann, ausgedehnt haben. Das Vertrauen in das, was ich so kann, daß ich das so selber schaffe, ist größer geworden. Meinen eigenen Rhythmus auch viel besser gefunden habe als in Verbindung mit jemand anderen. Das ist für Frauen, glaube ich, ein größeres Problem als für Männer, da sie doch eher dazu neigen, sich anzupassen. Das war mir unterwegs auch wichtig" (B.N.). Solches Tun stärkt das Selbstgefühl offensichtlich ungemein und hat auch Folgen im weiteren Leben. Besagte Yogalehrerin war nach ihrer Alleinwanderung nicht mehr ohne weiteres bereit, sich in ihrem Gehtempo an der Kondition ihres Freundes zu orientieren: "Das ist mir deutlich geworden, als dann in der letzten Woche mein Freund dazukam. Er war natürlich überhaupt nicht im Training, der Unglücksrabe. Und ich war absolut fit, ich hatte mein Tempo und meinen Rhythmus. Und er hätte sich einwandern müssen, ganz langsam. Und das hat er übersprungen und ist dann hinter mir hergehechelt und – es war einfach zu langsam. Ich hätte unendlich meinen Rhythmus drosseln müssen, den ich im Laufe der Wochen so für mich gefunden habe. Und dann habe ich mich entschieden, ich laufe weiter und wir treffen uns

---

[30] Es fanden sich während der Suche nach Interviewpartnern zahlreiche ältere Frauen, die zwar alleine reisen, jedoch höchstens Tagestouren liefen und abends in ein Hotel zurückkehrten.

dann wieder. Das wäre mir früher nicht so leicht gefallen, da hätte ich mich eher angepaßt. Ich wußte vielleicht gar nicht, was mein Rhythmus ist."

Es bleibt zu wünschen, daß Frauen sich leichter dazu entschließen vermögen, solcherlei Art von Erfahrungen zu gewinnen. Daß der Wunsch danach vorhanden ist, belegt die hieran anschließende Zusammenfassung eines gesonderten Interviews mit einer 23jährigen Studentin. Dieses Interview wurde dahingehend geführt, die Gründe herauszuarbeiten, warum eine Frau nicht alleine wandert, auch wenn sie dieses sehr gerne tun möchte.

Zusammenfassung Interview Hanna L.

Frau L. ist eine 23jährige Studentin der lateinamerikanischen Regionalwissenschaften. Sie stammt aus einer bäuerlichen Familie im Allgäu. Als Kind ging sie oft mit ihren sechs älteren Brüdern in den Bergen wandern. Diese hatten sich jedoch zunehmend über ihr langsames Gehtempo beklagt, so daß Frau L mit zwölf Jahren mit diesen gemeinsamen Bergtouren aufhörte. Nach dem Abitur ging sie im Alter von zwanzig Jahren für ein Jahr nach Brasilien. Seit zwei Jahren studiert sie in Köln und bemüht sich derzeit um einen einjährigen Auslandsaufenthalt in England.

Frau L. erfuhr über einen Freund von der vorliegenden Diplomarbeit. Daß eine Frau über alleinwandernde Menschen schrieb, machte sie dermaßen neugierig, daß sie mich anrief. Sie möchte selbst unbedingt im Urlaub für längere Zeit alleine wandern, konnte sich bisher jedoch noch nicht dazu entschließen. Aufgrund einer fünftägigen Hollandfahrt und einer einmonatigen Deutschlandreise weiß sie von ihrer Angst, alleine unterwegs zu sein, aber auch von der davon herrührenden Faszination.

Ausgehend von den als Kind gewonnenen Erfahrungen mit Wandern will Frau L. herausfinden, in welchem Tempo sie alleine gehen möchte. Die Gehgeschwindigkeit ihrer Brüder empfand sie als für sich selbst zu schnell. Sie bevorzugt es, unterwegs ständig stehen zu bleiben und kurze Pausen einzulegen. Sie begründet dies nicht mit mangelnder Kondition, da sie von ihrer Ausdauer überzeugt ist. Jedoch habe sie einen "langsamen Atem" und komme schnell aus der Puste. Ihr Ziel sei es, den Atem mit ihrer Bewegung in Einklang zu bringen. Wenn dies nicht so sei, würde Wandern zur Anstrengung. Vom Schwimmen her weiß Frau L., daß sie ausdauernd und lange sportlich tätig sein kann, zumal wenn ihr Atem mit der Zeit auf die körperliche Bewegung abgestimmt ist.

Seit der 1992 unternommenen Deutschlandrundreise kennt Frau L. ihre Ängste, sich in der freien Landschaft, insbesondere im Wald fortzubewegen. Jedoch ärgert es sie maßlos, daß sie sich durch diese Ängste in ihrem Bewegungsfreiraum selber einschränken läßt und Dinge deswegen nicht tut. Sie hat das Gefühl, es gingen ihr dadurch interessante und einzigartige Erfahrungen verloren. Vom Alleinwandern erhofft sich Frau L. Erholung, Zeit zum Nachdenken und innerliche Ruhe. Aufgrund ausgedehnter Spaziergänge vermutet sie, daß solches hierdurch zu erlangen sei. Auch hat sie die Vorstellung, sie erlebe alleine tiefere Empfindungen und Gefühle, als wenn sie mit anderen Menschen wandere. So sei sie nach der Deutschlandreise in Köln die erste Zeit viel ruhiger gewesen. Sie würde jetzt öfter und lieber schweigen. Weiterhin sei sie nicht mehr ganz so unternehmungslustig wie in früheren Zeiten. Und sie habe das Gefühl, dieser zeitweilige Rückzug tue ihr gut, obgleich Freunde ihr diesbezüglich bereits Vorwürfe machen würden. Frau L. bezeichnet sich selbst als Frau, die oft nicht wisse, was sie wolle. Sie würde sich oft den Meinungen oder den Unternehmungen ihres Bekanntenkreises anschließen, sei mit diesem Verhalten jedoch zunehmend unzufrieden. Frau L. erhofft sich vom Alleinwandern die Möglichkeit, ihren eigenen Wünschen und Plänen eher folgen zu können und nicht denen anderer. Zudem hat sie, wenn sie mit anderen Menschen unterwegs war, meistens Streit mit diesen bekommen. und davon habe sie jetzt genug.

Dinge allein tun zu wollen versetzt Frau L. gleichzeitig in einen Rechtfertigungszwang. Sie fragt sich, ob sie deswegen noch normal sei, ob sie vor Auseinandersetzungen mit anderen hierdurch flüchten wolle. Sie macht sich Sorgen hinsichtlich ihrer Konfliktfähigkeit und bisweilen auch Vorwürfe darüber. Gleichzeitig sagt sie sich auch: "Warum soll ich denn nicht machen, was ich will, wenn es mir doch gut tut." Sie vermutet, daß Männer diesen Rechtfertigungsgedanken über ihr eigenständiges Tun seltener erleben als Frauen. Da sie aber allein wandern will, überwindet sie ihre Zweifel.

Zwei Gründe hielten Frau L. bisher von einer längeren Alleinwanderung ab. Zunächst sei solches für sie ein noch völlig unbekanntes Unternehmen, vor dem sie eine gewisse Scheu hege. Hauptsächlich hindere sie jedoch die "Angst vor dem schwarzen Mann hinter dem Gebüsch", also Angst vor männlichen Belästigungen vor einer Alleinwanderung. Sie hätte aufgrund dessen bereits schlaflose Nächte im Zelt neben einer Jugendherberge verbracht. Frau L. erhoffte sich von der Interviewerin Tips, wie mit dieser Angst umgegangen werden könne. In letzter Zeit beschäftige sie sich oft mit ihrer Angst, würde diese auch vermehrt spüren. Aber es ärgere sie, daß sie sich dadurch in ihrem Tun einschränken lasse. Sie wolle die eigene Angst allerdings auch nicht verleugnen, wüßte aber nicht, wie mit ihr alleine zu zelten oder zu wandern möglich sei.

4. Alleinwanderungen

The road goes ever on and on
Down from the door where it began.
Now far ahead the road has gone,
And I must follow, if I can.

Pursuing it with weary feet,
Until it joins some larger way,
Where many paths and errands meet.
And wether then? I cannot say.

J.R.R. Tolkien

Im Zentrum des folgenden Kapitels steht die Frage, warum Menschen alleine wandern und welches die wesentlichen Charakteristika eines solchen Tuns sind. Alleinwanderungen weisen Möglichkeiten von Erfahrungen auf, die in einer (Klein-)Gruppe nicht möglich sind. Demzufolge ist es Aufgabe des nachstehenden Kapitels, die spezifischen Merkmale von Alleinwanderungen vorzustellen und zu erörtern.

4.1. Motivation

Die in den Interviews befragten Menschen lernten das Wandern sämtlich als Kinder über ihr Elternhaus oder die Schule kennen. Wandern gilt im Rahmen der Schulpädagogik als hervorragende Möglichkeit der Naturentdeckung und der Erziehung des Menschen als soziales Wesen innerhalb eines Klassenverbundes. Alle Probanden wanderten jedoch nicht während ihrer Adoleszenz, sondern begannen erst als junge Erwachsene wieder mit längeren Wandertouren. Diese "Wiederentdeckung des Wanderns" (Ch.S.) führte bei fast allen Befragten dazu, daß sie fortan einmal im Jahr eine längere Urlaubswanderung durchführten.

Alle Alleinwanderer unternahmen über Jahre hinweg längere Wanderungen zu zweit oder in Kleingruppen. Vermutlich sind Alleinwanderungen eine Folgeentwicklung einer längerandauernden Wandersozialisation. Dies erklärt sich aufgrund vorhandener Ängste und aus einem Sicherheitsbedürfnis heraus, da Wandern alleine erlernt werden muß. Es bedarf einiger Wandertouren, um tragbares Gewicht des Rucksackes, Orientierungskenntnisse in der Landschaft und Verpflegungsmöglichkeiten kennenzulernen und auszutesten. Erst nach einigen Jahren Wandererfahrung und versehen mit einer gewissen Kenntnis der eigenen Bedürfnisse und Wünsche unterwegs, wagten sich die Befragten auf ihre erste Alleinwanderung. Diese wurde beim ersten Mal von niemand bewußt geplant. Der Wunsch, in einem bestimmten Land wandern zu wollen war vielmehr so stark, daß man dies notfalls auch alleine zu tun bereit war. Neben dem Beharren auf einem bestimmten Reiseziel war oft jedoch auch eine gewisse Bereitschaft und Neugierde hinsichtlich einer Alleinwanderung vorhanden. "Das war erst mal ein kleines Selbstbehauptungstraining für mich, als ich das das erste Mal gemacht habe. Da wollte ich sehen, was ich alles alleine kann, ohne einen Mann, speziell durch einen Mann an meiner Seite" (B.N.). Eine Wanderung ohne Begleitung wurde zunächst häufig mit Angst und Unsicherheit verbunden. Es gab niemanden, der einem in Krisen- oder Entscheidungssituationen Rückmeldung oder Gefühle von Sicherheit vermitteln konnte. Jeder der befragten Alleinwanderer war völlig auf sich selbst angewiesen, was für alle Befragten zunächst einen Unsicherheitsfaktor darstellte. "Und dann das Gefühl, eigentlich so einer Sache gewachsen zu sein. Auch wenn es relativ unvernünftig ist, alleine zu wandern. Wenn man sich den Fuß verknackst und dann irgendwo hängenbleibt. Ich war aber nicht bereit, das deswegen nicht zu machen. Nur aus diesen Vernunftgründen heraus" (Ch.S.).

Die Hälfte der befragten Wanderer hatte zum Zeitpunkt des Interviews bisher nur eine Alleinwanderung gemacht. Die andere Hälfte besaß bereits Erfahrungen aufgrund mehrerer Wanderungen ohne Begleitung. Trotz unterschiedlicher Lebensgeschichte verbrachten alle Befragten den größten Teil ihres Lebens in der Stadt. Wiederum die Hälfte der befragten Personen lebt in einer festen Partnerschaft. Gerade für diese Menschen ist der Urlaub häufig eine Rückbesinnung auf die eigene Person. Die Wanderer, die in der Stadt tendenziell zurückgezogen leben, sind demgegenüber während einer Wanderung offener für Kontakte mit anderen Menschen. Bei ihnen ist der Wunsch stärker, mit anderen Menschen zusammen zu wandern, das Alleinwandern bisweilen eine Notlösung. "Und ich tue mich mit Leuten unterwegs gerne zusammen, wenn die den gleichen Schritt haben, und so eine gleiche Art, ihre landschaftlichen Erlebnisse, ihre Erlebnisse mitzuteilen. Wenn mir die Leute zu langsam laufen oder zu schnell, wenn sie muffelig sind oder so dummes Zeug reden, dann laß ich das aber" (K.L.)

Für einen befragten Studenten wurden längere Alleinwanderungen wegen der allzu groß erlebten Einsamkeit zur Qual, so daß er solche Wanderungen nach vier oder fünf Tagen zumeist abbrach. Alle anderen Wanderer erleben ihr Alleinsein während einer Wanderung als bereichernd und würden sie jederzeit wiederholen. "Am ehesten hängengeblieben ist dieses Versinken in der Einsamkeit. Es war wirklich im wahrsten Sinne des Wortes am Ende der Welt" (Ch.S.)

Interessant ist auch die Beobachtung, daß einige Befragte bewußt in Gebieten wandern, die eine gute Infrastruktur in Form von Hütten und Wegmarkierungen sowie eine hohe Benutzerfrequenz aufweisen. Dies hat den Vorteil, bei Unfällen mit Hilfe rechnen zu können. Auch bergen solche Wanderungen die Möglichkeit von Begegnungen mit anderen Menschen. Sämtliche befragten Personen sind auf Alleinwanderungen äußerst aufgeschlossen hinsichtlich Kontakten zu anderen Menschen.

Wanderungen alleine beinhalten eine Reduktion und Konzentration auf das Erleben von Natur und der eigenen Person. Sämtliche äußeren Zwänge des Alltages in Form von Terminen, Verpflichtungen und sozialem Umfeld entfallen. Dies wird häufig als Gefühl der Befreiung erlebt: "Weil Alleinwandern hat den Vorteil, Du bist auf dich selbst gestellt, Du mußt keine Rechenschaft abgeben. Du mußt niemanden gegenüber verantwortlich sein. Du mußt Dich mit niemanden abstimmen. Du kannst einfach Deinem Gefühl, Wunsch oder Verfassung gemäß Dich vorwärtsbewegen" (R.S.). Gleichzeitig wird solch eine Befreiung von äußeren Vorgaben auch mit Einsamkeitsgefühlen verbunden. Während einer Alleinwanderung, besonders in entlegenen Gebieten, entfällt die Möglichkeit des kommunikativen Austausches, des Gesprächs: "Der Mangel mit irgend jemanden zu sprechen. So die ersten drei Tage war das überhaupt kein Problem. Aber am vierten Tag fing es dann so langsam an mit Selbstgesprächen und das war dann nicht mehr so lustig" (J.M.). Gerade in Gefahrensituationen, beim Auftreten von Müdigkeit oder Erschöpfung wird diese Einsamkeit und die Tatsache des Alleinseins besonders schmerzhaft erlebt. Es ist auch nicht von der Hand zu weisen, daß Alleinwanderungen lebensgefährlich sein können. Der Autorin sind allein in Köln zwei Fälle bekannt, bei denen Menschen während einer Alleinwanderung starben, da sie nach einem Unfall nicht gefunden wurden. Das Risiko eines solchen Endes ist gerade in entlegenen Gebieten nie gänzlich auszuschließen. Die Einsamkeit und Verantwortlichkeit hinsichtlich des eigenen Tuns wird jedem Alleinwanderer unterwegs irgendwann bewußt. "Dann habe ich auf dem Schnee parallel am See meine alten Tritte wiedergefunden, ein sehr eigenartiges Gefühl, wenn man in der ganzen Landschaft keine Tritte sieht, nur die eigenen" (K.L.). Die meisten allein wandernden Menschen erreichen irgendwann immer ihre Grenzen, an denen sie nicht mehr weitergehen können oder sich nach Hause sehnen. Gerade die Sehnsucht nach anderen, vertrauten Menschen erscheint in solch kritischen Situationen besonders stark, beispielsweise bei Müdigkeit: "Und alles sah so heimelig aus, und dann saßen die Leute da an ihren Tischen mit Rotwein und Kerzen und Musik. Und all meine schönen Phantasien wurden angeregt. Und ich: dreckig, mit schwerem Rucksack, latschte dann da vorbei auf den Campingplatz zu und da wurde ich schon ganz traurig. Da habe ich mich unheimlich alleine gefühlt.(...) Und das Wetter war auch noch schlecht. Und am nächsten Tage habe ich dann zuhause in Köln angerufen und unglaublich ins Telefon geheult. Warum mache ich das überhaupt, was soll das denn" (B.N.).

Gleichwohl kann bei vernünftiger Abschätzung möglicher Risiken eine Alleinwanderung unglaubliche Glücks- oder Zufriedenheitsmomente in sich bergen: "Und es ist ein anderes Erleben. Es ist sehr schön, wenn man sich austauschen kann mit jemanden, wenn man irgendwo an einem sehr schönen Fleckchen Erde ist. Aber dieses alleine erleben, ohne zu sprechen. Nur erleben, ohne es ausdrücken zu müssen, das hat schon eine andere, vielleicht noch tiefere Qualität" (B.N.). Solches kann ein völliges Einverständnis und Akzeptieren des augenblicklich Gegebenen beinhalten, sowohl der äußeren Landschaft als auch seiner selbst. Diese Konzentration auf das absolut Gegenwärtige und das völlige Einssein damit scheint für alle Befragten ein derartig tiefreichendes Gefühl zu sein, daß es Grund genug dafür ist, eine Alleinwanderung nicht nur aus Mangel an einem geeignetem Reisepartner, sondern als selbständigen Wunsch ein wiederholtes Mal durchzuführen. "Also ich würde das sofort wiederholen. Es hat mir unheimlich gut gefallen, auch immer wieder an so bestimmte Grenzen zu kommen, die ich selbständig, ohne mich auf irgend jemand anderen zu verlassen, löse. Es hat mir viel Kraft gegeben. Und meine eigenen Fähigkeiten oder Möglichkeiten erweitert" (B.N.). Somit wandelt sich zumeist die Motivation einer ersten Alleinwanderung im Vergleich zur zweiten. Die erste Reise alleine ist häufig eine Entscheidung aus Notwendigkeit und Mangel an Alternativen. Das Wiederholen einer Alleinwanderung trägt dagegen Charakterzüge einer bewußten Entscheidung. Der Wunsch, eine Alleinwanderung zu wiederholen ist dabei von anderer Qualität als die anfängliche Notwendigkeit, trotz aller Widrigkeiten in Urlaub zu fahren, und sei es auch ohne Begleitung. Das Erleben seiner selbst scheint hierfür hinreichender Beweggrund zu sein.

4.2. Angst und Sicherheit

Ohne das Aufgeben von Sicherheiten kann es keine Prozesse geben.
Hugo Kükelhaus

Anhand der Interviews zeigte sich, daß Alleinwanderungen unterschiedliche Ängste bei den Befragten hervorrufen. Ausmaß und Beschaffenheit dieser Ängste stehen mit Gefühlen von Unsicherheit in Verbindung.

Durch das Entfallen des gewohnten sozialen Umfeldes und dem Fehlen eines zeitlich strukturierten Alltages ist eine Wanderung in ihrem Verlauf weitgehend unvorhersehbar. Wetterumschwünge sowie unbekanntes Gelände lassen eine länger andauernde Wanderung nur bedingt vorausplanen. Da Vorhersagbarkeit von Geschehen jedoch Gefühle von Sicherheit hervorruft, ist die Ungewißheit einer Alleinwanderung oft Ursache latent vorhandener Ängste. Hinzu kommen konkrete Befürchtungen hinsichtlich möglicher Unfälle, Angst vor Einsamkeit, vor männlichen Belästigungen oder schlechtem Wetter.

Zu Beginn einer Wanderung überwiegen somit Angst und Unsicherheit. Beide Gefühle sind jedoch abhängig von der jeweiligen Wandererfahrung und dem eigenen Selbstvertrauen. Je größer die Erfahrung seiner selbst auf Wandertouren ist, desto geringer die Angst vor einer Alleinwanderung. Je besser das eigene Verhaltensrepertoire in Gefahrensituationen bekannt ist, desto mehr Sicherheit gewinnt die wandernde Person aus diesen Erfahrungen und desto geringer sind die diesbezüglichen Ängste: "Wenn Du den Grad runter geklettert bist und Du wußtest, da geht es runter und da geht es runter. Wenn man das die ersten Male macht, dann hat man doch noch ein bißchen Hemmungen, gewisse Ängste, die unsicher machen. Wenn man für sich im Laufe der Zeit aber merkt, da ist einfach die Beweglichkeit da und auch die Sicherheit, dann stört es einen gar nicht mehr, ob es da 400 Meter runter geht oder nicht" (R.S. mit langjähriger Wandererfahrung). Angst und subjektives Sicherheitserleben stehen somit in einem wechselseitigen Abhängigkeitsverhältnis zueinander. Je sicherer sich ein allein wandernder Mensch seiner selbst ist, desto geringer die Angst.

Gefühle der Angst und Unsicherheit wandeln sich jedoch im Verlauf einer jeden Wanderung. Mit zunehmender Dauer einer Tour wächst unterwegs das Vertrauen in das Gelingen der Wanderung. Auch ließ sich in den Interviews beobachten, daß mit schwindender Angst der getragene Rucksack an Gewicht verlor. Dieser scheint für manche Menschen eine Quelle für das Erleben von Sicherheit zu sein: "Teilweise habe ich ja wirklich eine Beziehung zu meinem Rucksack entwickelt. Einfach, daß man sich auf irgen-

detwas verlassen kann" (J.M.). War die Angst zu groß und somit der Rucksack zu schwer, gestaltete sich diese scheinbare Sicherheitsquelle zur Belastung: "Und am Anfang hatte ich immer viel Proviant mitgehabt, auch aus
so einem Sicherheitsbedürfnis heraus, so eine eiserne Ration mit Proteinen
und Kraftnahrung. Aber der Rucksack war dann doch mit fünfzehn Kilogramm zu schwer für mich. Also habe ich allen überflüssigen Ballast abge-
schmissen" (B.N.). Die Gewichtsreduktion des Gepäcks geht während einer
Wanderung häufig mit einem Freilaufen von eigenen Ängsten einher. Die
ersten allein erfolgreich bewältigten Tage einer Wanderung bestätigen die
Wandernden hinsichtlich der eigenen Möglichkeiten und Fähigkeiten. Folge hiervon ist ein Nachlassen der anfänglichen Anspannung und eine gewisse innerliche Ruhe. Weiterhin verbessert sich die Trittsicherheit und
überflüssige Unfälle werden durch das Nachlassen der Angst vermieden.
Ein sicherer Schritt und richtiges Aufsetzen des Fußes verhindern ein Um-
knicken, Stolpern oder Stürzen.

Ein Problem auf Wanderungen ist die direkte Konfrontation mit den eigenen Ängsten. Unterwegs ist genügend Zeit und Raum vorhanden, diese in
ihren ganzen Auswirkungen zumeist unfreiwillig wahrzunehmen. Angst
und Unsicherheit sind aufgrund fehlender Trittsicherheit oder panischem
Reagieren auf Gefahrensituationen riskant und schränken dadurch den eigenen Handlungsspielraum ein: "Ja, das mit der Angst, das war schon so
ein Thema, was immer wieder auftauchte, und was sich auch verändert hat.
Ich bin am Anfang manchmal panisch gewesen, wenn ich so vom Nebel
eingeschlossen wurde und dann den Weg nicht mehr gefunden habe und
dann wurde ich panisch und bin dann den Berg runter gerannt und dann
hierhin und dorthin gerannt, ganz kopflos. Bis ich mich dann hingesetzt
habe und gefragt habe, was ist denn, wieso hast du Angst. Vor was hast Du
letztendlich Angst? Ist es der Nebel oder was ist es denn eigentlich? Und
dann ist mir klargeworden: ich hatte Angst vor dem Sterben" (B.N.). Dieser
Panik und der Konfrontation mit den grundlegenden Ängsten seiner selbst
folgt ein Zustand innerlicher Ruhe und ein rationales Betrachten sowie
Analyse der gegebenen Gefahrensituation: "Was kannst Du tun in so einer
Situation? Also Panik, das ist völlig falsch, tue nichts, sitze, gucke und ich

kann auch die ganze Nacht da bleiben. Wenn ich den Weg nicht finde, warte ich, bis der Nebel weg ist. Ich werde da nicht sterben, das war mir völlig klar. In dem Moment reduzierte sich die Angst, die ganzen Befürchtungen und ich war auch nicht mehr panisch" (B.N.). Aufgrund einer solch erfolgreichen Bewältigung panischer Gefühlszustände wächst die Kenntnis und somit das Vertrauen in die eigene Person. Obiges Beispiel zeigt, daß nicht die Situation an sich gefährlich ist, sondern die Reaktion mit Panik hierauf. Dieser entscheidende Unterschied zwischen tatsächlicher Situation und subjektiver Reaktion verweist darauf, daß das Gefahrenpotential in der eigenen Person begründet liegt. Auch wenn diese in kritischen Situationen nicht allmächtig ist, das Potential vorhandener Möglichkeiten ist doch zumeist größer, als von einem selbst eingeschätzt. Es ist die eigene Angst, nicht die vermeintlich vorhandene Gefahrensituation, die gefährlich wird. Je besser die Grenzen der eigenen Möglichkeiten und Fähigkeiten bekannt sind, desto verantwortlicher wird das Verhalten in kritischen Situationen. Demzufolge kann eine Alleinwanderung eine Befreiung von den eigenen Ängsten darstellen, gerade dadurch, daß Menschen sich auf diese einlassen und sich in kritischen Situationen erleben. Folge hiervon ist eine Erweiterung der eigenen Möglichkeiten, da das Zutrauen in die eigene Person hierdurch gewachsen ist. "Jeder neue Schritt birgt die Gefahr des Scheiterns und das ist einer der Gründe, weshalb der Mensch die Freiheit fürchtet."[31]

---

[31] Erich Fromm: Haben oder Sein. Die seelischen Grundlagen einer neuen Gesellschaft. München 1976

4.3. Wandern als Abenteuer?

Nähme ich Flügel der Morgenröte
und ließe mich nieder
zuäußerst am Meer...

Psalm 139, 9

Können sog. Aktivurlaube in Form von Alleinwanderungen als Aben-
teuerreisen verstanden werden? In seinem Buch 'Sehnsucht Abenteuer. Die
kulturelle Gestaltung der Erlebnisgesellschaft'[32] beschreibt der Ethnologe
C. Köck das alljährliche Verreisen von Teilen der Bevölkerung in Form
von organisierten Abenteuern als immanenten Bestandteil einer Erlebnisgesellschaft. Abenteuer sind seiner Aussage nach vorhersehbar geworden und
Teil eines von den Abenteuerreisenden selbst kritisierten hochzivilisierten
Lebens. Sie seien kalkulierbar und fänden somit hauptsächlich in den Köp-
fen der Akteure statt. Mit Hilfe dieser Erlebnisreisen werde eine Regeneration der vom Alltag gestreßten Psyche erreicht. Die individuellen Grenzübertritte aus der zivilisierten Welt haben nach Köck innovative Gedanken
und Erfahrungen zur Folge, die in den Alltag integriert werden. Somit ver-
löre das Abenteuer seinen Selbstzweck und werde integraler Bestandteil
einer von der Natur entfernten Gesellschaft. Die Grenzübertritte werden
von den Betreffenden selbst zeitlich auf den Urlaub beschränkt und dege-
nerieren somit zum kulturellen Standard einer Gesellschaft. Ein sog. Aussteigen im Urlaub ist angesichts der Rückfahrkarte in dass gesellschaftliche
Leben eine Illusion.

Versteht man Köck zufolge Abenteuer als zeitlich begrenzte Abweichung
von kulturellen Wertvorstellungen, kann eine Alleinwanderung als Form
einer Abenteuerreise beschrieben werden. Hierbei beinhaltet der Abenteu-

---

[32] Christian Köck: Sehnsucht Abenteuer. Die kulturelle Gestaltung der Erlebnisgesellschaft. Berlin 1990

erbegriff kein endgültiges Verlassen herkömmlichen Lebens, sondern ist Teil desselben. Bereits Norbert Elias wies in seinem Hauptwerk 'Über den Prozeß der Zivilisation'[33] darauf hin, daß ein zunehmend kontrolliertes und diszipliniertes hochzivilisiertes Gesellschaftssystem die Sehnsucht nach dem Freiraum des Undisziplinierten entstehen lasse. Unter solchen Aspekten erscheint das Wachstum der Reiseindustrie in den letzten Jahren besonders im Bereich des Erlebnistourismus überhaupt erst verständlich. Auch Wandern als zeitlich begrenztes Verlassen sozialen Alltaglebens kann als Suche nach Erfahrungen verstanden werden, die außerhalb eines gesellschaftlich normierten Lebens liegen. Schon im Mittelalter war die 'Aventiure' des Ritters als kontinuierliche Lebensform eine Suche nach etwas: die Suche nach dem Gral, nach der verlorenen Ehre, nach dem eigenen Namen.[34] Heutzutage kann eine Wanderung im entfernten Sinne als Suche nach Ruhe und Selbstfindung beschrieben werden. Birgt nun das Abenteuer die Möglichkeit der 'Selbstentdeckung' in sich, so ist zu fragen, worin dieses geschieht. Einerseits ist unterwegs ausreichend Zeit hierfür vorhanden, da die Auseinandersetzung mit einem anderen Menschen entfällt. Zum zweiten lernt ein Wanderer viel über die eigene Person in Entscheidungssituationen kennen. Dies geschieht durch die individuelle Reaktion auf kritische Situationen. Solches gestaltet sich als Kennenlernen der Grenzen der eigenen Möglichkeiten. Wichtig ist hier, zu erkennen, 'was kann ich, was ist mir zu riskant'.

"Aber was ich suche, ist nicht Abenteuer im Sinne von Gefahr, sondern Abenteuer unter dem Gesichtspunkt des Naturentdeckens zum einen und zum anderen auch, sich selbst zu entdecken" (R.S.). Die Möglichkeit der Erfahrung seiner selbst im Leben innerhalb eines natürlichen Umfeldes mit nichts als den hierfür notwendigen Hilfsmitteln ist beim Wandern einmalig. Jedoch ist dieses zeitweilige Leben unter freiem Himmel kein Verlassen von Zivilisation. Wanderer haben eine hochentwickelte Ausrüstung mit

---

[33] Norbert Elias: Über den Prozeß der Zivilisation. 2 Bde. Frankfurt am Main 1976
[34] Köck, 1990, S.13

Gore-Tex-Jacke, Kocher und Leichtgewichtzelt dabei. Diese Ausrüstung schützt sie unterwegs vor möglichen Gefahren. Zudem gibt es in den meisten Wandergebieten eine sog. Wanderinfrastruktur mit detailliertem Kartenmaterial. "Abenteuer und Sicherheit sind zwei Begriffe, die sich erst in der bürgerlichen Kultur nicht mehr gegenseitig ausschließen. Landschaften werden durch markierte Wanderwege zerschnitten, unbezwingbare Bergrücken werden mit Klettersteigen und Leitern versehen, Brücken machen undurchdringliches Gelände passierbar und Schutzhütten sorgen für die notwendige nächtliche Unterkunft."[35] Somit kann eine Alleinwanderung als kulturelle Veranstaltung mit Zügen eines Abenteuers bezeichnet werden.

Teil der oben erwähnten Erfahrungserweiterung während einer Wanderung ist das Austesten der eigenen Grenzen. In den Interviews ließ sich beobachten, daß manche Wanderer riskante Situationen zwar nicht provozieren, sie aber als durchaus möglich in ihre Reiseplanung einkalkulieren: "Ich weiche Extremsituationen allerdings auch nicht aus, suche bestimmt auch so einen Nervenkitzel. Aber ich kenne eben auch den Punkt, wo für mich der Nervenkitzel ein Ende hat. Also bis wohin er für mich kalkulierbar ist und ab wo er unkalkulierbar wird" (R.S.). Zu welchem Risiko man unterwegs bereit ist, hängt völlig von den jeweiligen Erfahrungen und der vorhandenen Risikobereitschaft ab. Manche befragten Wanderer verhielten sich unterwegs sehr vorsichtig, vermieden gefährliche Situationen. Andere waren neugierig auf ihre Reaktion in kritischen Situationen und wollten sich hierin austesten. Jeder einzelne Wanderer besitzt eine unterschiedlich hohe Gefahrenschwelle, die zu überschreiten er vermeidet; sie aber kennenzulernen, das heißt, den eigenen Handlungsspielraum auszutesten, sind die meisten Wanderer durchaus bereit.

Zudem erhofft sich jeder Wanderer von einer Alleinwanderung etwas anderes und wählt demnach sein Reiseziel aus. Ein 25jähriger Student wollte

---

[35] ebd. S. 144

nichts als Ruhe und völlige Weltabgeschiedenheit. Also fuhr er auf eine äußerst dünn besiedelte neuseeländische Insel. Er beschrieb diese Wanderung als völlig ungefährlich und erlebte keine einzige für ihn kritisch werdende Situation. Aber er fand die erhoffte Ruhe.

Ein weiterer 30jähriger Student bevorzugte demgegenüber als Reiseziel die Insel Korsika. Ihm waren für eine Wanderung das Erreichen seiner körperlichen Leistungsgrenzen wichtig. Daher durchquerte er die Berge Korsikas, einer der angeblich anspruchsvollsten Wanderregionen Europas mit einem dreißig Kilogramm schweren Rucksack. Diese Wanderung genügte zwar seinen körperlichen Ansprüchen, brachte ihn jedoch nicht an die Grenzen seiner Leistungsfähigkeit. Hierzu mußte er sich schon nach Nepal auf 5000 Meter Höhe begeben: "Und auch diese Leidensfähigkeit an sich zu kennen, beispielsweise, wenn es einem ganz mies geht. Man kann also über den Willen einiges schaffen. Das weiß ich von mir über den Sport und auch über das Wandern. So z.B. in Nepal, das war nur noch Wille. Nur der Wille sagte, konzentriere Dich, das ist Dein Ziel, da willst du hin, mußt Du hin. Wo der Körper nur sagte, setzt Dich hin, ruhe Dich aus, lege Dich hin, schlafe. Wo dann eine wahnsinnige physische Anstrengung dahinter stand. Danach war es dann aber gut."

Dieses Austesten der eigenen Möglichkeiten als Form des Abenteuers gestaltet sich zu einem ständigen Ausbalancieren von Gefahr und Sicherheitserleben. Gefahren sind in einer Natur, die nicht kalkulierbar und vorhersehbar ist, immer vorhanden. Sicherheit wird gewonnen durch Erfahrung, mitgenommener Wanderausrüstung und vorhandener Weginfrastruktur. Jeder der Befragten hatte gute Karten dabei und bewegte sich daher nicht in einer ihm völlig unbekannten Wildnis. Dieses in einem sicheren Rahmen stattfindende Austesten der eigenen Möglichkeiten beinhaltet Momente von Entscheidungszwang, Konzentration, Angst sowie Reduktion auf die Gegenwart.

Als Beispiel für die Bereitschaft, ein kalkuliertes Risiko zu provozieren, seien die Erlebnisse eines 50jährigen Wanderers genannt. Dieser Mann ging trotz seines Wissens um die kaputten Kniegelenke in eine entlegene Bergregion eines amerikanischen Nationalparks. Dort überdehnten sich in einem 3000 Meter hoch gelegenen Schneefeld die Bänder seiner Kniegelenke. Er war aufgrund dieser Verletzung und der widrigen Wetterverhältnisse gezwungen, sein Zelt aufzuschlagen: "Ich habe erst mal einen furchtbaren Schrecken bekommen und habe mir also klar gemacht, daß mich an dieser Stelle keiner finden würde, das mich also die Vögel auffressen würden. Da war auch Todesangst im Spiel." Solch ein Erlebnis ist an Gefühlen der Einsamkeit kaum zu überbieten. Hier kann eine Alleinwanderung auch nicht mehr als schön bezeichnet werden, sondern erscheint nur grauenvoll und beängstigend. In solch einer als gefährlich erlebten Situation wünscht sich wahrscheinlich jeder einen anderen Menschen herbei, der Trost und Beistand geben könnte. Da dies aber nicht so ist, werden alle vorhandenen Kräfte mobilisiert, um dieser Situation zu entkommen. In solchen Momenten entfaltet ein Mensch eine unglaubliche Kreativität und Ideenreichtum, welches teilweise auch als Überlebensmechanismus bezeichnet werden kann. Oben erwähnter Mann bezeichnet solches als "das praktische Vertrauen in die zunächst vor einem liegenden Möglichkeiten, ein operatives Vertrauen." Neben diesem ist Geduld eine zweite hilfreiche Fähigkeit. Das Vermeiden von Panik und Überdenken der vorhandenen Situation führt fast immer zu einer Lösung. Der hier beschriebene Wanderer nutzte die einbrechende Nacht zur Erholung und zu einigen grundlegenden Überlegungen: "Und dann habe ich also noch die halbe Nacht mir den Mond angeguckt und habe mich in meinen Betrachtungen ergangen. Ich habe mir dann drei Überlegungen zurechtgelegt. Daran kann ich mich erinnern, weil die hier noch an der Wand hängen: Einmal, daß ich mir sagte, egal was passiert, irgendwie wirst Du da überleben. Du hast ein Vertrauen in die Natur, hast irgendein Vertrauen in das Übernatürliche und ein Grundvertrauen in Dich selber. Das hat mir in der Situation sehr geholfen. Du kommst da irgendwie raus, irgendwie schaffst Du das. Es besteht gar kein Grund zur Panik. Wenn Du Vertrauen in Dich und Deine, wenn auch kleiner werdenden Möglichkeiten hast, dann schaffst Du das." Folge dieser existentiellen Situation war in ihrer Bewältigung ein großes Glücksempfinden. Aufgrund der Reduktion auf das absolut Wesentliche trat eine große innere Gelassenheit auf. Zudem ist nach dem Erlebnis der Bedrohung des eigenen Lebens das Lebendigsein an sich oft Anlaß zur Freude genug.

Auch wenn das hier geschilderte Ereignis als extrem bezeichnet werden kann, so ist es in seinem Ablaufmuster dennoch typisch für eine Allein-wanderung. Die meisten Alleinwanderer erleben derartige Situationen, in denen sie sich nach der Hilfe eines anderen Menschen sehnen. Das wach-sende Selbstvertrauen und die Stärke, die allerdings aus dem Bewältigen einer solch kritischen Situation erwächst, ist in der Tiefe des Gefühls ein-malig.

5. Unterwegssein als Wandlungsprozeß

Alleinwanderungen sind immer in ein Vorher und Nachher eingebettet, sprich, können nur in Bezug auf die jeweilige Lebensgeschichte der einzelnen Wanderer betrachtet werden. Da dieses bereits in Kapitel 3 geschah, ist es Aufgabe des folgenden Kapitels, Alleinwanderungen als mögliche Wandlungsprozesse vorzustellen. Es ist Charakteristikum einer Wanderung, daß sie das Moment der Wandlung in sich zu bergen vermag. Die strukturellen Voraussetzungen davon gilt es demnach im nun Folgendem darzustellen und zu erörtern.

5.1. Reduktion und Konzentration

Der wichtigste Schritt ist, zu lernen, mit sich selbst allein zu sein, ohne dabei zu lesen, Radio zu hören, zu rauchen oder zu trinken. Die Fähigkeit, sich zu konzentrieren, zeigt sich in der Fähigkeit, mit sich allein sein zu können – und diese Fähigkeit ist eine Bedingung für die Fähigkeit zu lieben.

Erich Fromm: Die Kunst des Liebens

Wandern alleine kann als Prozeß der Konzentration auf die eigene Person und Reduktion des äußeren Lebensumfeldes beschrieben werden. Sämtliche Alltagsverpflichtungen in Form von Terminen, Beruf, Freunden etc. entfallen für die Dauer eines Wanderurlaubes. Hier stehen lediglich die Bewältigung des Wanderalltages und die Auseinandersetzung mit der eigenen Person im Mittelpunkt des Interesses. Diese radikale Reduktion auf essentielle Wesensmerkmale der eigenen Existenzform schafft die Grundlage zur Auseinandersetzung mit der eigenen Person und Möglichkeiten der Wandlung. Zu berücksichtigen bleibt auch hierbei, daß solches fortwährend in der Bewegung des Vorwärtsgehens stattfindet und nie in einem geschlossenem Raum eines Hauses, sondern in einer durch den Horizont unendlich erscheinenden Landschaft. Das heißt, die Weite der äußeren Umstände und die körperliche Fortbewegung animieren den Wanderer geradezu, sich auch gedanklich auf Reisen zu begeben. Dies geschieht paradoxerweise zunächst rückwärtsgewandt in verarbeitender Auseinandersetzung mit vergangenen Ereignissen. Diesem Nachhängen an Vergangenem in der Anfangsphase einer Alleinwanderung folgt eine Konzentration auf Gegenwärtiges. Gerade die Aufmerksamkeit auf das aktuell Gegebene ist jedoch Voraussetzung für Momente der Wandlung. Die Wahrnehmung seiner Selbst im gegenwärtigem Tun ist Grundlage neuer Ideen und Pläne, die auf zukünftiges Geschehen ausgerichtet sind. Wandern kann im Sinne Fromms als Tätigkeit des Seins verstanden werden, welches Wesensmerkmale von Veränderung enthält. Wie dieses geschieht, wird in Kapitel 5.1.2 beschrieben.

5.1.1. Konzentration auf die eigene Person

> *Mein Weg ist mein Weg, ist mein Weg*
> *und kein Schritt führt mich jemals mehr zurück*
> *mein Weg ist mein Weg, ist mein Weg*
> *mit Schatten und mit Träumen*
> *mit Lachen und mit Glück*
> *mein Weg ist mein ureigener Weg.*
> *Klaus Hoffmann*

Den meisten befragten Wanderern erscheint ihr Urlaub als notwendiger Kontrapunkt zum Alltagsleben in der Stadt. Eine Alleinwanderung bietet den Raum für Ruhe und Zeit zum ausführlichen Nachdenken. Zudem können unterwegs die alltäglichen Dinge aus einer größeren Distanz heraus betrachtet werden. Somit ist unterwegs vor allem der Aspekt wichtig, "daß ich viel Zeit für mich selber habe. Und daß ich mich für mich selbst verantwortlich fühle" (Ch.S.). Beides, Konzentration auf die eigene Person und völlige Verantwortlichkeit für das eigene Tun ohne Hilfestellung von außen bewirken eine innere Fortbewegung während einer Wanderung.

Wandern alleine kann als eine vorwärtsgerichtete Tätigkeit in gedanklich verarbeitender Auseinandersetzung mit Vergangenem beschrieben werden. Eine Alleinwanderung ist immer ein prozeßhaftes Geschehen, in denen neu hinzugewonnene Erfahrungen verarbeitet werden.

Alleinwanderungen haben den Vor-, aber auch den Nachteil des Auf-Sich-Selbst-Zurückgeworfenwerdens. "Wenn man alleine ist, dann gibt es ja so kein Feedback und keinerlei Kontrolle von jemand anderem. Man muß sich selber einschätzen, wieviel sich zuzutrauen ist" (B.N.). Zwei der insgesamt sechs befragten Wanderer leben auch in ihrem herkömmlichen Alltag sehr zurückgezogen und alleine. Ihnen ist das Reisen alleine Notwendigkeit, da sie keinen geeigneten Menschen kennen, der bereit wäre, mit ihnen zu wandern. Die restlichen vier befragten Personen nutzten ihren Urlaub oft als Möglichkeit des zeitlich begrenzten Rückzuges: "Ich spüre auch immer genau den Drang wegzugehen, wenn mir hier alles über den Kopf wächst. Das alles über mir zusammen schlägt, ich aber nicht mehr ruhig in der Mitte sitze und überlegen kann. Sondern ich mich erst mal dieser Situation entziehen muß, um in Ruhe überlegen zu können, was ich eigentlich will oder nicht und dann wieder gestärkt und mit klarem Kopf das alles angehen kann" (Ch.S.). Demnach gehen Menschen entweder aus Gewohnheit und Notwendigkeit alleine wandern, wie es der 50jährige Reiseführer und der 29jährige Student tun. Oder sie nutzen diese Form des Urlaubs als Möglichkeit zur Reflexion und als Raum, um Entscheidungen treffen zu können: "Mir werden da unheimlich viele Dinge klar bezüglich meines Lebens. Und hinterher weiß ich, wo meine Präferenzen liegen, welche Sachen ich besser weg lasse. Das geht mir speziell mit Kontakten so. Daß mir auf eine Reise wirklich klar wird, was oder wer mir wichtig ist. Ich komme dann zurück und die Sachen sind gegessen" (Ch.S.). Allen gemeinsam ist jedoch der Prozeßcharakter einer Alleinwanderung.

Da ein wichtiges Element, das gewohnte soziale Umfeld unterwegs nicht vorhanden ist, kreisen die Gedanken ständig um die eigene Person. Das Gespräch mit anderen Menschen wird ersetzt durch einen inneren Mono-log: "Und es ist auch ein Unterschied, ob man mit Leuten wandert oder alleine. Man kann niemanden was sagen, kriegt keine Antwort und deswegen geht ein ganz anderer innerer Dialog los" (L.H.). Da wandernde Menschen sich jedoch durch das Gehen in einer ständigen Fortbewegung befinden, stehen sie auch in einem permanenten Kontakt zur vorhandenen Landschaft. Das heißt, ein Wanderer ist unterwegs gezwungen, auf äußere Umstände zu reagieren: ein steiler Berg, Regen, Kälte, ein schöner Blick, Tiere etc. Diese Konfrontation mit der Umgebung läßt den Wandernden sich selbst als handelnde und reagierende Person erleben. Es ist also nicht nur ein Denken über sich selbst, sondern auch ein Tun als Reaktion auf äußere Umstände. Dieses läßt den inneren Monolog des Denkens bisweilen zu einem Dialog in Form einer Reaktion auf äußere Gegebenheiten werden.

Eine Wanderung kann vom inneren Gedankenfluß eines Menschen her in drei Teile gegliedert werden. Zu Beginn einer Wanderung ist der einzelne mit seinen Gedanken meist noch im zurückgelassenen Alltag. Fragen wie danach, ob der Herd ausgestellt ist, oder ob ein Streit mit einem Freund ungeklärt blieb, erhalten in der Anfangsphase an Bedeutung. "Auch daß dieser Schnitt total spürbar ist. Ich habe dann immer Prüfungen bis zum letzten Tag, setze mich dann ins Flugzeug. Und bin auf einmal irgendwo. Und die ersten Tage unterwegs nehme ich überhaupt nichts wahr. Weil ich noch so halb in Köln bin und erst allmählich ruhiger werde" (Ch.S.).

Dies ändert sich jedoch nach einigen Tagen. Man gewöhnt sich an die Umgebung, an das Gewicht des Rucksackes und die körperliche Belastung. Das Gleichmaß des Gehens und die Schaffung eines Wanderalltages lassen die Sorgen über das Gelingen der getätigten Wanderung abklingen. Die anfängliche Verwirrung hinsichtlich der unbekannten Situation wird abgelöst durch eine reflexive Form des Nachdenkens: "Geschichten, die vorher noch da waren, Gedanken an Sachen, die überhaupt so im Leben laufen, dann auch so hochkommen können. Das entwickelt sich eigentlich so, daß sich die Gedanken vor alles schieben während des Wanderns.(...) Also Du bist eigentlich raus aus diesen Geschichten, weil deswegen bist Du ja in den Bergen. Und vermeintlich hast Du dann nichts mehr damit zu tun. Aber die denken sich dann auch vielleicht mit einer stärkeren Konsequenz zu Ende" (L.H.).

Tatsache ist, daß eine starke Konzentration auf die eigene Person stattfindet. Dies geschieht sowohl im körperlichen Erleben seiner selbst als auch im Nachdenken unterwegs. "Das sind Themen, die kreisen nur um mich. Einfach, wie ich mich selber sehe. Wo ich das Gefühl habe, was beschäftigt mich im Moment gerade. Das versuche ich irgendwie zu verarbeiten und in irgendeinen Zusammenhang zu stellen. Das ist auch ein anderes Erleben und Verstehen. Und ich denke, daß man auch mit sich selber zurande kommen muß, um einfach ausgeglichener und glücklicher zu sein. Ich merke, daß ich wesentlich ruhiger und ausgeglichener bin als hier, das ist das entscheidende" (Ch.S.).

Die dritte Phase des oben erwähnten inneren Monologes bezeichnet ein Sich-Öffnen hinsichtlich unbekannter Erfahrungen und Denkprozesse: "Ich bringe es jetzt auch fertig und ziehe mich in mein Zelt zurück und mache keine Denksportaufgaben mehr, sondern habe so ein meditatives, malerisches Denken. Dann lasse ich irgendwelche emotionale Eindrücke an mir vorbeiziehen" (K.L.). Dies äußert sich auch in einem gelassenem Gefühl der inneren Zufriedenheit und einem Vertrauen in das Kommende: "Das Leben einfach so nehmen, wie es kommt" (Ch.S.). Folge dieser Offenheit im Erleben des Gegenwärtigen sind häufig neue, da bisher unbekannte Erfahrungen, Kontakte zu anderen (wandernden) Menschen und Ideen. Auch sind häufig die Auswirkungen einer Alleinwanderung erst Monate später zu spüren. Ersichtlich wird dies an der oft großen Wertigkeit der Erinnerungen an die Alleinwanderung. Unterwegs werden bisweilen oft unbewußt Entscheidungen getroffen, die in ihrer Tragweite und Auswirkungen erst viel später deutlich werden. "Also die Entscheidungen unterwegs gewinnen im Alltag schon eine gewisse Tragweite" (L.H.).

5.1.2. Der Wandernde als Mensch des Seins

Während sich der 'Habenmensch' auf das verläßt, was er hat, ver-
traut der 'Seinsmensch' auf die Tatsache, daß er ist, daß er lebendig
ist und daß etwas Neues entstehen wird, wenn er nur den Mut hat,
loszulassen und zu antworten.

Erich Fromm

Der Psychoanalytiker Erich Fromm analysiert in seinem Buch "Haben oder
Sein"[36] zwei grundlegende menschliche Charakterzüge in ihren Idealtypen.
Hierbei beruft er sich hauptsächlich auf die philosophischen Schriften von
Karl Marx und Meister Eckhart. Fromm beschreibt die Existenzweise des
Habens in Abgrenzung zu der des Seins in Form einer empirisch psychologischen und gesellschaftlichen Analyse.[37] Die Charakterzüge des Habens
und Seins bezeichnen nicht nur menschliche Existenzweisen oder Verhal-
tensmuster, sondern beschreiben den Menschen in seinem innersten We-
senskern. Dabei weicht die Lebens- und Orientierungsform des Habens
gänzlich von der des Seins ab.

Die Existenzweise des Habens ist die in den modernen Industriegesell-
schaften vorherrschende Lebenseinstellung. Sie gründet auf dem Wunsch
nach Besitz und Konsum. Somit definiert sich der Mensch des Habens ausschließlich über das, was er besitzt und nicht über das, was er ist. Dadurch
erscheint er als Persönlichkeit schal und leer, da im Zentrum seines Wesens
lediglich der Wunsch nach Besitz von äußeren Gegenständen steht. Ziel ist
es "seinem Leben durch unbegrenztes Vergnügen einen Sinn zu geben."[38]
Dieses Bedürfnis, welches andauernd erneut befriedigt werden will, bedarf
des Konsums von äußeren Dingen. Selbst das eigene Ich wird nach Fromm

---

[36] Erich Fromm: Haben oder Sein. München 1976
[37] ebd. S. 11

84

schlußendlich zu einem Besitzgegenstand: "Mein Eigentum begründet mich und meine Identität."[39] Diese Denkweise äußert sich auf vielerlei Weise im alltäglichen Leben. Folge hiervon sind Profitgier, Machtstreben und Egoismus, drei wesentliche Grundpfeiler der kapitalistischen Gesellschaft. Die ganze Einstellung des Habens fördert eine Liebe zu toten Dingen.

Demgegenüber steht das Leben im Sein. "Sein ist Leben, Tätigsein, Geburt, Erneuerung, Ausfließen, Verströmen, Produktivität. In diesem Sinn ist es das Gegenteil von Haben, von Ichbindung und Egoismus."[40] Der Mensch im Sein definiert sich nicht über seinen Besitz, nicht durch die Quantität seiner erworbenen Fähigkeiten bzw. Eigenschaften. Er lebt weniger von der Vergangenheit oder für die Zukunft, sondern verstärkt in seiner jeweiligen Gegenwart. Sein schließt im Gegensatz zum Haben Passivität aus und beruht auf produktiver Aktivität. "Mit 'Sein' meine ich eine Existenzweise, in der man nichts hat und nichts zu haben begehrt, sondern voller Freude ist, seine Fähigkeiten produktiv nutzt und eins mit der Welt ist."[41] Fromm beschreibt die Existenzweise des Seins dabei keineswegs als statischen, unveränderlichen Zustand. Wesentliches Moment dieser Daseinsform ist vielmehr die Wandlung: "Aber wenn wir von der Realität lebender Menschen und ihrem Lieben, Hassen und Leiden ausgehen, dann gibt es kein Sein, das nicht gleichzeitig ein Werden und Sich-Verändern ist. Lebende Strukturen können nur sein, indem sie werden, können nur existieren, indem sie sich verändern."[42]

Nichts scheint das Bild eines Werdens in Konzentration auf das Seiende anschaulicher zu beschreiben, als die Fortbewegung des Wanderns. Wandernd als gehendes Fortschreiten ist zunächst äußerliche Vorwärtsbewe-

---

[38] ebd. S. 80
[39] ebd. S. 69
[40] ebd. S. 30
[41] ebd. S. 30
[42] ebd. S. 36

gung, die eine innere Denkbewegung fördert. Ohne daß die betreffende Person sich dessen bewußt ist, erlebt sie während einer Alleinwanderung Prozesse des Wandels, deren Folgen bisweilen erst gehörige Zeit später spürbar sind.[43] Zunächst findet eine absolute Konzentration auf die gegenwärtige eigene Person und die vorhandene Landschaft statt. Beides geschieht sowohl in rationalen Gedankenprozessen als auch im Erleben seiner selbst in der Bewegung: "Ja, und so Alleinwandern, sich also alleine in die Natur zurückziehen, ist für mich auch eine Möglichkeit der Reflexion: Was ist passiert im letzten Jahr, zu fühlen einfach, daß man auch lebt. Tief Luft holen, zu wissen, ja hurra, ich lebe und dieses Gefühl auch zu ergründen, zu erspüren" (R.S). Die gedankliche Aufarbeitung von Vergangenem, das Erleben seiner selbst und die Auseinandersetzung mit den Widrigkeiten der umgebenden Landschaft bedarf einer Konzentration auf das augenblicklich Gegebene in Form der eigenen Gefühle bzw. Gedanken und der äußeren Umstände. "Alleine lebst Du halt intensiver. Mir kommt da eine Woche doppelt so lange vor. Du redest mit keinem, also Dein Bezugsrahmen dreht sich nicht um Deutschland oder um irgendwelche Leute. Das Gefühl dort zu sein, ist intensiver" (J.M.). Genau dieses (Er-)Leben in der Gegenwart schafft die Voraussetzung von Veränderung, versinnbilchlicht in der Vorwärtsbewegung des Gehens. Hinzu kommt, daß die Langsamkeit des Wanderns und die Anstrengung des Fortkommens den inneren Denkprozessen und Erlebnissen zuträglich ist. Die Reisenden erleben die Bilder einer Landschaft nicht aus einem Zugfenster heraus an sich vorbeirasend, sondern durch ihre Eigenbewegung als langsam sich verändernd: "Dann bin ich sehr viel mehr in der Landschaft, viel näher. Das war gerade so ein richtiges Tempo für mich, um auch in der Landschaft zu SEIN[44], in der Landschaft zu leben, es war für mich nicht zu langsam, es war langsam genug" (B.N.).

---

[43] vgl. hierzu Kapitel 7 dieser Arbeit

[44] Betonung von seiten der Befragten

Das Wandern scheint eine Tätigkeit zu sein, die sich der idealtypischen Wesensform des Seins zumindest in Teilbereichen annähert. Fromm betont, daß sich seine zwei Begriffe des Habens und des Seins nicht nur auf Verhaltensweisen beschränken, sondern durch die Sozialisation in einer industriellen Gesellschaft zu festen Charakterstrukturen werden. Dies zeigt sich auch im Sprachgebrauch: der Mensch des Seins benutzt vorrangig Verben als Beschreibung seines Tätigseins, während ein Mensch des Habens den Vorgang des Geschehens abstrahiert.[45] Prozesse oder Tätigkeiten wie die des Wanderns sind jedoch keine Zustände des Besitzes, sondern des Erlebens. Das heißt, ein Mensch, der aus einer Gesellschaft des Habens stammend sich auf eine längerdauernde Wanderung begibt, erfährt im Gegensatz zu seinem Alltagsleben unterwegs eine Existenzform des Seins. Das Wandern als ortsverändernde Tätigkeit hat Wirkung auf den Menschen des Habens. Somit bietet es Möglichkeiten zu längerfristigen Veränderungen in Richtung der Existenzweise des Seins für Individuen, die in einer Gesellschaft des Habens Charakterzüge wie Egoismus, Besitzstreben oder Profitgier entwickelt haben.[46]

Angefangen mit dem Gepäck erweist sich ein Zuviel hiervon schnell als hinderlich für eine Wanderung. Je mehr Gewicht der mitgenommene Rucksack aufweist, desto mühseliger wird das Gehen. Mitgenommene Besitzgegenstände werden unterwegs zur Belastung. Je mehr man sich auf die im Sinne Fromms funktionalen Besitzgegenstände beschränkt, desto eher kann man sich auf die Tätigkeit des Wanderns konzentrieren.

Weiterhin steht beim Wandern im Gegensatz zum Besitz die Form des Erlebens im Vordergrund. Wichtig ist nicht das, was mitgenommen wird, sondern jenes, was unterwegs erfahren wird. Wandern ist keine zweckgerichtete Tätigkeit, sondern eine Bewegung des Erlebens und Ausgeliefert-

---

[45] "'Ich *habe* ein Problem' anstelle von 'Ich bin besorgt'", Fromm, 1976, S.33
[46] ebd. S. 73

seins. Auch dies entspricht dem Frommschen Begriff des Seins, "denn Prozesse und Tätigkeiten können nicht besessen, sondern nur erlebt werden."[47]

Zusammenfassend kann festgestellt werden, daß Wandern eine seinsgerichtete Tätigkeit ist, die Charakterzüge des Habens bei einem Menschen zu verändern vermag. Solches geschieht tatsächlich durch möglichst große Reduktion des mitgenommenen Gepäcks und Konzentration auf das augenblicklich Gegebene. Zugleich kann das Wandern als Bild genommen Prozesse des Wandels durch Erleben des Gegenwärtigen beschreiben. Dies entspricht gänzlich der Vorstellung Fromms von einem sich im Werden befindlichen Seinsbegriff.

---

[47] ebd. S. 32

5.2. Aspekte des Zeiterlebens

Die Zeit geht nicht, sie stehet still,
Wir ziehen durch sie hin;
Sie ist ein Karavanserai
Wir sind die Pilger drin.

Ein Etwas, form- und farbenlos,
Das nur Gestalt gewinnt,
Wo ihr drin auf und nieder taucht,
Bis wieder ihr zerrinnt.

Es blitzt ein Tropfen Morgentau
Im Strahl des Sonnenlichts;
Ein Tag kann eine Perle sein
Und ein Jahrhundert nichts.
(...)

Gottfried Keller

Gleichgültig ob Zeit nun philosophisch, psychologisch oder physikalisch betrachtet wird, sie zeigt stets das Moment von Veränderung an. Aspekte der Zeit kennzeichnen Vorgänge des Werdens und der Veränderung von Zuständen. Problem ist, daß der Mensch kein Sinnesorgan besitzt, mit welchem er Zeit wahrnehmen kann. So ist es nie möglich gewesen, zu definieren, was Zeit letztendlich sei. Schopenhauer behauptete, daß Zeit als objektive Größe nicht existiere. Er beschrieb Zeit als Eigenschaft von Lebendigsein, welches das Moment der Wandlung in sich trage. Demnach existiere Zeit nicht außerhalb eines lebenden Wesens, sei auch keine eindeutig durch Messung definierbare Größe.[48] Dieser Zeitvorstellung zufolge trägt nur das Leben das Moment der Veränderung in sich und könne hierdurch einzig als zeitliches Geschehen beschrieben werden.

---

[48] vgl. Edwin Borschberg: Die Zeit. Vom Mythos zur Ware. Luzern 1987, S.17

Dem widersprechen Theorien von Physikern. In der klassischen Mechanik Newtons wird Zeit als objektiv vorhandene und meßbare Größe verstanden, die unabhängig vom Menschen existiere. Zeit wird als irreversibles Geschehen beschrieben und ist in ihrem Ablauf linear in Vergangenheit, Gegenwart und Zukunft einzuteilen. Die Klärung des Problems, wie diese äußere Größe vom Menschen subjektiv wahrgenommen werde, sei dagegen Aufgabe der Psychologie. Da allgemein akzeptiert wird, daß Menschen zeitliches Geschehen in dessen Dauer und Intensität höchst unterschiedlich erleben, steht in der Psychologie die Frage im Mittelpunkt, wie und warum dies geschieht.

Die physikalisch messbare Zeitdefinition ermöglicht ein Leben in hochvernetzten Gesellschaftssystemen. Durch eine Einigung auf eine für alle Gesellschaftsmitglieder gleich gültigen Zeiteinteilung werden Terminvereinbarungen, Wirtschaft etc. überhaupt erst möglich: "die heutige Zivilisation mit ihrer geregelten Arbeitszeit, ihrer Forschung, ihrer weltweiten Verknüpfung, mit ihren Fahr- und Flugplänen, mit ihren Raumschiffen, die das Weltall erkunden – diese Zivilisation ist ohne genaue Zeitmessung nicht funktionsfähig. Wir sind nun Sklaven einer neuen Kultur, der Uhrenkultur."[49] Das Problem hierbei ist, daß Menschen sich in ihrem Alltagsleben fast ausschließlich an dieser äußeren Zeiteinteilung orientieren. Je mehr eine Person beruflich an Termine und Verpflichtungen gebunden ist, desto größer ist ihre soziale Akzeptanz. Dies kann eine zunehmende Fremdbestimmung von Leben zur Folge haben. Menschen, die sich gänzlich an der Zeitvorgabe von Uhren orientieren, erleiden eher ihre Zeit, als daß sie diese aktiv gestalten. Nicht der Wert ihres jeweiligen Tuns, sondern die Erfüllung von Verpflichtungen hat darin Priorität. Einem amerikanischem Mediziner, Larry Dossey zufolge ist die Orientierung an der physikalischen Zeit Ursache zahlreicher Krankheiten wie Herzinfarkt, erhöhter Blutdruck oder Schwächung des Immunsystems. "Läuft da nicht eine düstere, unheilvolle Tragödie ab: indem wir auf die Uhr starren, die uns – an

---

[49] ebd. S.19

unseren Arm gebunden – an die Zeit bindet, sind wir nichts weiter als Knechte jener Zeit. Wir – die wir aufgrund unserer inneren Rhythmen und Zyklen selbst biologische Uhren sind – schauen unserem eigenen Tod in die Augen, wenn wir wie gebannt auf unsere Armbanduhr starren."[50]

Dem entspricht auch die Trennung von Arbeit und Freizeit. Arbeitszeit beinhaltet ein Bemühen um Fremdinteressen, die verbleibende Freizeit bietet lediglich den 'Freiraum' für persönliche Wünsche oder Bedürfnisse. Da Wandern für niemand anders als einen selbst einen Wert erlangt, fällt es dieser Einteilung zufolge in den Freizeitbereich.

Kant zufolge ist der Zeitbegriff "ideal, weil er nicht von der Erfahrung abstrahiert, sondern allein durch die Aktivität des Subjekts hervorgebracht wird."[51] Im Rahmen dieser Arbeit wird nicht diskutiert, welche Ansatz der für die Erfassung von 'Wirklichkeit' der zutreffendere sei. Jedoch ist die Vorstellung von Zeit als Merkmal individuellen Werdens der für den Bereich des Wanderns geeignetere. Vorrangig erhält somit die Vorstellung einer individuell gelebten Zeit an Bedeutung. Das Moment der Veränderung wird hier an den des Erlebens verknüpft. "Die Zeit ist eine Funktion der Erlebnisintensität. Ein Ereignis, das uns stark berührt oder interessiert hinterläßt den Eindruck, die Zeit sei sehr rasch verflogen."[52] Je höher diese Erlebnisintensität und die Konzentration auf das gegenwärtige Geschehen ist, desto weniger wird Zeit als solche überhaupt wahrgenommen. Sie verliert in ihrer Dauer an Bedeutung durch die Intensität des Erlebens von gegenwärtigem Geschehen. Dabei wird der Begriff des Erlebens mit einem Bewußtsein von Lebendigsein umschrieben.[53] Steht dagegen das Zeiterlebnis im Mittelpunkt der Wahrnehmung, geschieht dies oft in Form der Langeweile und eines scheinbaren Stillstandes von Erleben. Dies ist jedoch für

---

[50] Larry Dossey: Die Medizin von Raum und Zeit. Ein Gesundheitsmodell. Basel 1984, S.56

[51] Paul Fraisse: Psychologie der Zeit. München, Basel 1985, S.12

[52] Borschberg, 1987, S.13

[53] Wilhelm J. Revers: Psyche und Zeit. Das Problem des Zeiterlebens in der Psychologie. Salzburg, München 1985, S.10

den Bereich des Wanderns selten von Interesse, da die befragten Personen Gefühle der Langeweile nicht erwähnten.

Durch das Verlassen des sozialen Alltagsumfeldes wird auch die übliche zeitliche Tageseinteilung während einer Wanderung variiert. In den Interviews beschrieben alle befragten Wanderer ihr frühes Aufwachen und zeitiges Losgehen. Dies stand bei einigen Wanderern ganz im Gegensatz zu ihrem Nachtleben in der Stadt. "Dieses ganze Nachtleben, das vermisse ich hier überhaupt nicht. Solange ich unterwegs bin kommt mir dieses ganze alles absolut nichtig vor. Ich kann z.B. überhaupt nicht früh aufstehen, also damit quäle ich mich total. Wenn ich wandere habe ich keine Probleme damit, wirklich im Morgengrauen wach zu sein. Und genauso keine Probleme, vor dem Dunkelwerden ins Bett zu gehen. das bestimmt meinen Rhythmus total" (Ch.S.). Die Orientierung am Tag-Nacht-Wechsel wird unterwegs stärker. Zu Beginn einer Wanderung findet ein Ausprobieren und Suchen nach einer der eigenen Person angemessenen Tageseinteilung statt. Es gilt zunächst herauszufinden, welche Art von Gehpausen und Länge der gelaufenen Strecke der eigenen Person und der körperlichen Belastbarkeit angemessen ist. Ob man lieber stundenlanges Laufen mit einer langen Mittagspause bevorzugt, oder über den Tag verteilt lediglich 5-Minuten-Pausen einlegt, bedarf eines Austestens. Während einer Wanderung muß also zunächst eine generelle Tageseinteilung vorgenommen werden, da man hier von äußeren Vorgaben weitgehend unabhängig ist.

Daneben gewinnt Zeit unterwegs häufig an Erlebnisqualität: "Die Leute, die mit den Autos unterwegs waren, haben in einer Art zu schleunigem Rhythmus zu schnell, zu viel als Touristen erlebt, abgehakt, die Sachen wurden photographisch dokumentiert. Jedoch, wie flüchtig diese Leute mit solchen inneren Erlebnissen umgehen, wie ungelassen eben. Ich hatte einfach einen Rhythmus drauf, der langsamer aber intensiver war" (K.L.).

In der Anfangsphase einer Wanderung, die durch Unsicherheit, innere Anspannung und Ausprobieren unterschiedlichster Dinge geprägt ist, hängen die Gedanken eher der Vergangenheit nach. Der innere Blick ist stärker rückwärts orientiert, als im späteren Verlauf einer Wanderung. Das Interesse ist auf den verlassenen Alltag gerichtet. "Ja, wie gesagt, unterwegs kommen einem so sehr viele Gedanken, was die eigene Person angeht, was Beziehungen angehen und bezüglich Erlebnissen. Es waren da halt so Probleme, die man in den Urlaub mitbrachte und die noch nicht ausgegoren sind. Man hat halt sehr viel Zeit zum Nachdenken" (R.S.). Fraisse definiert dieses Phänomen als sog. 'gelebte Gegenwart': "Wir leben immer in der Gegenwart, wobei es jedoch zwei Arten gibt, sie zu leben: Die eine besteht darin, in Übereinstimmung mit der gegenwärtigen Situation zu sein, die andere dagegen, sich von ihr zu lösen, um sich in der Vorstellung in eine nicht mehr oder noch nicht vorhandene Zeit zu versetzen. Im zweiten Fall wird die Vergangenheit oder die Zukunft zu einer gelebten Gegenwart."[54] Hierfür spielen Funktionen von Gedächtnis und Erinnerung eine große Rolle. Da das Gehen weniger eine geistige, als vielmehr eine körperliche Herausforderung darstellt, wird unterwegs der Kopf 'freier'. Zudem ändert sich durch die Vorwärtsbewegung des Wanderns ständig der Blickwinkel, ein Stillstand in der Wahrnehmung tritt von daher nicht auf. Die Erlebnisqualität der Landschaft läßt das Auftreten von Langeweile unwahrscheinlich machen. Eine ständig sich wandelnde Wahrnehmung und körperliche Fortbewegung stimulieren einen innerlichen Gedankenfluß, so daß auch hier ein Stillstand nicht aufkommt. Somit gewinnt insgesamt das Erleben seiner selbst und der Landschaft an Wertigkeit, nicht aber dessen Dauer. "Das Bewußtsein entfaltet die Zeit, die somit wie eine Dimension des Seins erscheint."[55] Das Leben im Jetzt, nicht das Nacheinander möglichst vieler interessanter Eindrücke gewinnt durch die Kombination von gelebter Gegenwart und Wahrnehmung einer Landschaft an Bedeutung. Versteht man im Sinne Revers ein Werden als "Zeitgestalt eines Seienden, der dasein will und soll"[56], bedarf Zeit als Veränderung im Werden den Vollzug des konzentrierten Seins. Darin liegt das für den Zeitaspekt wichtige Moment

---

[54] Fraisse, 1985, S. 181
[55] ebd. S. 15
[56] Revers, 1985, S. 65

von Veränderung während einer Wanderung. Werden wird demnach gefördert durch Konzentration auf das Sein.

Gibt es darüber hinaus auch Veränderungen, die direkt die Person des Wandernden betreffen? Die sog. qualitative Zeit als "intensives Element von nicht vorausbestimmbarer Wirksamkeit"[57] bezieht sich auf Momente, die die Griechen 'Kairós' nannten. Gemeint sind damit im Gegensatz zum 'Chronos' als dauerhaft dahinfließende Zeit Momente, "die eine Fülle enthalten, die sich erst in der Erinnerung auseinanderzieht."[58] Dies kann auf Situationen bezogen werden, die einer aktuellen Entscheidung z.B. in Gefahrensituationen bedürfen. Solches sind Momente, in denen die Zeit stehenzubleiben scheint und im nachträglichen Erinnern doch als unendlich lang erscheint. So schildert die 47jährige Wanderin im Interview ein Festhängen im Berg mit hoher Absturzgefahr folgendermaßen: "Ich konnte weder einen Schritt nach vorne, nach oben, noch nach unten. Das waren mehrere Minuten, wo ich auch Angst hatte. Wo ich mich da festgehalten hatte. Da war mir klar, ich kann ja nicht mein Leben auf diesem Berghang verbringen, ich muß, ich muß, es ging nicht anders, es mußte. Und da habe ich alle meine Energie, meinen Mut zusammengenommen und den Schritt gewagt. Es war wirklich ein Schritt. Den einen Fuß lösen und hoch." Dies wird nicht nur als tatsächlich stattfindender Schritt, sondern von der Befragten auch als Wandlungs- und Entscheidungsprozeß im Kopf beschrieben. Solches getan zu haben und einer Gefahrensituation gewachsen zu sein, stärkt das Selbstvertrauen ungemein. Die Erinnerung an derartige Momente bleiben im Laufe eines Lebens teilweise zentral, weil sie sog. Schlüsselsituationen beschreiben. Auch hier ist das Erleben von Zeit an sich belanglos. Aber derartige Zeitpunkte, in denen viel von Vergangenheit und Zukunft zusammenfließt, sind in ihren Auswirkungen von prägnanter Bedeutung. Solche Momente existieren in kritischen Momenten einer Gefahr oder einer innerlichen Krise gerade auch während einer Wanderung.

---

[57] ebd. S. 10

5.3. Rhythmus

Die Melodie diktiert den Rhythmus.

Mstislaw Rostropowitsch

Der aus dem Bereich von Musik und Poetik entnommene Terminus des Rhythmus bedarf aufgrund seiner unterschiedlichen Konnotationen einer begrifflichen Erklärung. Ursprünglich stammt das Wort vom griechischen 'rhein' = 'fließen, strömen' und bezeichnete einen periodischen Wechsel oder eine gegliederte Bewegung.[59] Bezugspunkt für diese Definition war die gleichmäßige Bewegung von Meereswellen. Platon beschrieb Rhythmus generell als ein Ordnen von Bewegung und wurde hierdurch zum Ausgangspunkt einer jahrhundertelangen Theoriediskussion über Wesen und Begriff des Rhythmischen. Ohne diese Theoriediskussion in ihren Einzelheiten zu erläutern, steht fest, daß der Terminus Rhythmus untrennbar mit einem gleichmäßigem Auf und Ab einer Bewegung verbunden ist. Auch ist die Kontinuität wesentliches Moment dieser Begriffsbestimmung.

Wirft man einen Blick auf die neuere Forschungsliteratur, so zeigt sich, daß der Rhythmus als ein essentieller Bestandteil von menschlichen Kulturen angesehen wird. "Der Rhythmus ist (...) die Grundlage unserer ganzen Existenz. Der Wechsel von Tag und Nacht, die Periodizität der Jahreszeiten, der Verlauf unserer physiologischen Funktionen, ja sogar die Gestalten der starren Materie, so z.B. die Kristalle, weisen einen jeweiligen spezifischen Rhythmus auf, der ihren inneren Bau und ihre Geschichte widerspiegelt."[60] Rhythmus wird als "Zeitgestalt schlechthin" begriffen, als "das lebendige, Gestalten schaffende Prinzip, also die Ordnung der Zeit in sinnlich faßbare

---

[58] Alexander Kluge: Zeit. In: Denkanstöße 88. Ein Lesebuch aus Philosophie, Natur- und Humanwissenschaften, München 1987, S. 109

[59] Friedrich Kluge: Etymologisches Wörterbuch der deutschen Sprache. 22., völlig neu bearbeite Auflage. Berlin. New York 1989, S. 599

[60] Cesar Bresgen: Im Anfang war der Rhythmus. Wilhelmshafen, Locarno, Amsterdam 1977, S. 7

Teile".[61] Dies geschieht im Gegensatz zum Takt nicht durch Schaffung exakt äquivalenter Zeiteinheiten sondern in der "ähnlichen Wiederkehr des immer nur Ähnlichen".[62]

Aus dem Bereich der Musik ist auch die Tatsache bekannt, daß der Rhythmus eines Liedes eine eigenständige Kraft in sich zu bergen vermag. Die Begeisterung und Konzentration beispielsweise von Jugendlichen hinsichtlich rhythmischer Popmusik kann ein Hinweis hierfür sein. Es ist zu vermuten, daß Rhythmus generell eine tragende Kraft in sich trägt, die auch während einer längerdauernden Wanderung zur Wirkung kommen kann. Hier erhält der Rhythmus des gleichmäßigen Gehens, aber auch der sog. Eigenrhythmus an Bedeutung. Daneben seien weiterhin Atem- oder Herzfrequenz als Körperrhythmen genannt. Zusätzlich wird der Begriff des Rhythmus als ein Ordnen von Zeit hinsichtlich der Schaffung eines Tages- oder generellen Lebensrhythmus verwandt. Diese Begriffsumschreibungen werden im folgenden erwähnt, sofern sie für die Thematik dieser Arbeit von Aussagewert sind.

---

[61] Cesar Bresgen: Der Rhythmus im Leben der Völker. In: Peter-Michael Pflüger (Hrsg.): Rhythmus, Entspannung, Heilung: menschliches Fühlen und Musik. Stuttgart 1979, S. 12

[62] Ludwig Klages: Vom Wesen des Rhythmus. Kampen 1934, S. 46

5.3.1. Der menschliche Gang

Wie viele können schreiten? Es ist kein Eilen und Laufen, sondern ruhige Bewegung. Kein Schleichen, sondern starkes Voran. Der Schreitende geht federnden Fußes, er schleppt sich nicht. Frei aufgerichtet, nicht gebückt. Nicht unsicher, sondern in festem Gleichmaß.

R. Guardini

Bevor speziell auf den Rhythmus des Gehens eingegangen wird, erscheint eine Beschreibung wesentlicher Charakteristika des menschlichen Ganges sinnvoll. Die Literatur hierzu ist äußerst spärlich und zudem veraltet, so daß es dringend einiger Forschungsarbeiten zu diesem Thema bedarf.

Buytendijk beschreibt den Gang als "rhythmisch abwechselnde Beugung und Streckung der Glieder".[63] Er betont hierbei, daß selbiger nicht auf die Bewegung der Beine beschränkt sei, sondern den ganzen Körper als 'Bewegungsgestalt' betreffe. Dies erkläre sich aus dem Phänomen der 'Mitbewegung', aufgrund derer sich jedes körperliche Tun über den ganzen Leib erstrecke. Beim Wandern zeigt sich solches beispielsweise im Berghochgehen durch einen angestrengten Gesichtsausdruck oder stärkerer Unterstützung des Gehens mit Hilfe der Arme. Demzufolge sei es notwendig, "das Gehen in seiner Ganzheit als dynamische Gestalt" zu betrachten.[64]

Die ganzheitliche Selbstwahrnehmung im Gehen wurde auch in den Interviews erwähnt: "Zu diesem Rhythmus des Gehens kam immer noch der Rhythmus der Atmung hinzu und des Herzschlages, den man ja sehr deutlich wahrnimmt, besonders beim Steigen. Also Atmung, Herzschlag und Schritt, da habe ich mich so in meiner Ganzheit und Lebendigkeit erlebt. Manchmal war es auch unheimlich. Das war dann die Resonanz des Herzschlages. Ich in dieser Einsamkeit, mein Körper war da so weit, das war so

---

[63] F.J.J. Buytendijk: Allgemeine Theorie der menschlichen Haltung und Bewegung. Berlin, Göttingen, Heidelberg 1956, S.113

[64] ebd. S. 128

laut. In dieser Stille war plötzlich mein eigener Atem und mein Herz laut. Und mein Körper erschien mir so groß und weit. Das war ein etwas unheimliches Gefühl. Oft war es so etwas ganz gleichmäßiges. Manchmal war das auch beruhigend" (B.N.).

Eine ideale Gehweise ist Buytendijk zufolge durch folgende Momente gekennzeichnet: "1. die Ruhe und Gleichmäßigkeit; 2. das Aufrechtgehen als Ausdruck von Kraft und Tragfähigkeit; 3. die starke Vorwärtsrichtung".[65] Hier wird offensichtlich, daß der Ausdrucksgehalt eines menschlichen Ganges auf seelische Gemütszustände verweist, ebenso wie diese umgekehrt Ausdruck und Form des Ganges bestimmen. Dadurch wird Wandern zur körperlichen Auseinandersetzung mit der eigenen Person. Ein gleichmäßiges Gehen schafft Ruhe und Entspannung. Ein ständiger Wechsel der Schrittlänge oder -frequenz läßt auch die Gedanken nicht zur Ruhe kommen. Diese Zusammenhänge zwischen Gleichmaß des Ganges und geistigem Erleben gestalten sich im Verlauf einer Wanderung häufig zu Prozessen, die in den folgenden Kapiteln erörtert werden.

---

[65] ebd. S. 129

5.3.2. Der Rhythmus des Gehens als sicherheitsstiftender Faktor

You're walking. And you don't always realize it,
but you're always falling.
With each step, you fall forward slightly.
And then catch yourself from falling.
Over and over, you're falling
And then catching yourself from falling
And this is how you can be walking and falling
at the same time.

Laurie Anderson

Auch wenn der Ausdrucksgehalt eines rhythmischen Ganges nicht mit dem eines Musikstückes zu vergleichen ist, existieren dennoch Parallelen zwischen beiden. Bereits die Griechen orientierten sich in ihren Beschreibungen von Liedrhythmen an menschlichen Bewegungsmustern: "Der Schritt, das Heben und Niedersetzen des Fußes ist das Bild, in dem die Griechen den Rhythmus dachten."[66] Einer der ersten Musiktheoretiker, Aristoxenos von Tarent (~ 360-300 vor Chr.) beschrieb die sinnliche Wahrnehmung einer musikalischen Rhythmik im Heben und Senken der Füße. Bis in die heutige Zeit hinein orientieren sich die Tempianweisungen in Musikstücken am Rhythmus des Ganges: "Vergessen wir nicht, daß die Wahl des richtigen Tempos von der inneren Vorstellung von Bewegungsabläufen diktiert wird, so z.B. laufen (allegro), gehen (andante), schreiten (lento, adagio), aber auch beschleunigen (accelerando), verlangsamen (ritardando), zurückgehalten (ritenuto) und viele andere; stets geht es dabei um eine körperliche Nachvollziehbarkeit."[67]

---

[66] Wilhelm Seidel: Rhythmus. Eine Begriffsbestimmung. Erträge der Forschung. Band 46. Darmstadt 1976, S.18
[67] Bresgen, 1977, S. 10

Auch beim Wandern entsteht durch das stetige Heben und Senken der Füße ein Gleichmaß des Ganges. Der durch den wiederholten Kontakt der Füße mit dem Boden entstehende Rhythmus gewinnt mit zunehmender Dauer an Selbständigkeit. Das heißt, das ständige gleichmäßige Gehen erhält unterwegs Einfluß auf die geistig-seelische Gemütslage eines wandernden Menschen, in der Form, das er diesen aufgrund seiner Kontinuität zu beruhigen vermag. Da eine Alleinwanderung zu Anfang stets ein ungewisses Unternehmen mit zahlreichen Unsicherheiten ist, schafft das permanente Gehen Ordnung zumindest in der Bewegung: "Der Rhythmus ist die Kraft, die den rohen, leidenschaftlichen Ausdruck des Menschen bändigt, stilisiert, humanisiert, die uns, so Goethe, das Gefühl des Erhabenen vermittelt. In diesem Sinne deuten viele Theoretiker die platonische Definition, Rhythmus sei die Ordnung der Bewegung."[68] Dabei wird der Rhythmus des Gehens als solcher nicht unbedingt bewußt wahrgenommen. Dennoch hat er in seiner Gleichmäßigkeit und Kontinuität Wirkung. Beim Wandern spielt hierbei jedoch auch die Beschaffenheit des jeweilig vorgefundenen Geländes eine Rolle. Je geringer die Höhenunterschiede sind, desto gleichmäßiger der Gang. So gewinnt das Gehen beim Bergwandern weniger aufgrund seiner Gleichförmigkeit an Bedeutung, als vielmehr durch die Anstrengung der körperlichen Fortbewegung. "Also ich erlebe den Gang nicht als eine Art von Rhythmus. In den Bergen gehst Du teilweise ja ganz unterschiedlich. Je nachdem wie schwer das Gelände ist, da gehst Du dann überhaupt nicht rhythmisch" (R.S.). Bezugspunkt dieser Arbeit ist jedoch vorrangig Wandern ohne extreme Höhenunterschiede und nicht Bergwandern oder gar -steigen.[69]

Hypothese ist, daß der Rhythmus des Gehens in seiner Beständigkeit und immerwährenden Präsenz während einer Wanderung zur Quelle von Si-

---

[68] Wilhelm Seidel: Über Rhythmustheorien in der Neuzeit. Neue Heidelberger Studien zur Musikwissenschaft. Bern 1975, Band 7, S. 30

[69] Sowohl Bergwandern als auch Bergsteigen sind vom herkömmlichen Wandern in ihren psychischen Auswirkungen und in ihrer Motivation sehr zu unterscheiden. Vgl. hierzu auch: Ulrich Aufmuth: Zur Psychologie des Bergsteigens. Frankfurt 1988

cherheitserleben werden kann. Der Rhythmus des Ganges ist unterwegs das einzig Gleichbleibende. Landschaft und innere Verfassung ändern sich ständig. Dieses Ausgeliefertsein unbekannten Terrains gegenüber schafft Unsicherheit. Da Sicherheit laut Maslow (1977)[70] jedoch ein zentrales Bedürfnis von Menschen ist, ergibt sich die Frage, woher dieses Sicherheitserleben während einer Wanderung kommen kann. Da eine Wanderung stets ein Sich-Bewegen in einem unbekannten Gebiet ist, wird solches Tun zunächst durch zahlreiche Ungewißheiten geprägt. Alltägliche Verhaltensmaßregeln verlieren an Bedeutung. Die üblichen Alltagserfahrungen wie Pünktlichkeit oder berufliche Qualifikation sind für eine Wanderung meist wertlos, da unnütz. Da der "Zustand der 'Sicherheit' eine Vermeidung oder eine Überwindung eines sorgenvollen Zustandes voraussetzt"[71] muß hierfür eine Quelle gefunden werden. Diese kann im Rhythmus des Gehens bestehen, da er in seiner Gleichmäßigkeit und Beständigkeit als beruhigend und bekannt erlebt wird. Der Rhythmus hat in seiner ständigen Präsenz Einfluß auf den wandernden Menschen. Das Gehen als körperliche Fortbewegung verstärkt die Selbstwahrnehmung und kann hierdurch zur Stärkung des Selbstvertrauens beitragen. "Der Rhythmus des Gehens, also daß ich gehe, fällt mir eigentlich nur bewußt auf, wenn ich nicht so gut drauf bin und mich auf irgendetwas konzentrieren möchte. Wenn ich z.B. keine Lust mehr habe. Ich meine, ich konzentriere mich auf das Gehen, so wie wenn man ruhig atmet" (J.M.). Genau diese Gleichmäßigkeit des Ganges wird als tragende Bewegung und Quelle von Sicherheitserleben angesichts der Ungewißheiten einer Alleinwanderung definiert.

Das Herausgetretensein aus dem herkömmlichen Lebensalltag schafft jedoch nicht nur Unsicherheit, sondern ist auch Voraussetzung zum reflektierenden Nachdenken. Unaufgearbeitete Probleme, Sorgen oder Unzufriedenheiten mit dem bisherigen Leben gewinnen während einer Wanderung

---

[70] Abraham Maslow: Motivation und Persönlichkeit. Olten 1977

[71] Christine Sosinka: Die Sicherheit in der ehelichen Lebensform. Unveröffentlichte Diplomarbeit EWZ, Uni Köln 1993, S. 2

verstärkt an Raum. Der Denkprozeß wird dabei durch die Tätigkeit des Wanderns gefördert: "Die Gedanken laufen halt" (K.L.). Da Wandern körperliche Fortbewegung verbunden mit einer daraus bedingten Ortsveränderung ist, motiviert diese auch eine innere Denkbewegung. Aktives, gleichmäßiges Tun im Gehen und die Wahrnehmung einer ständig sich verändernden Landschaft fordern den Menschen in seiner ganzheitlichen Selbst- und Außenwahrnehmung. Wandern wird somit verstanden als Prozeß der inneren Denkbewegung getragen durch die äußere – gleichmäßige und rhythmische – Bewegung des Gehens. Das Gehen als Quelle von erlebter Sicherheit wird zur Grundlage eines Prozesses der Veränderung.

5.3.2 Auf der Suche nach dem Eigenrhythmus

Der periodische Rhythmus ist kein geradlinig fortschreitender Wechsel von schweren und leichten Zeiten, sondern ein Kreisen und Schwingen von zwei verschiedenen Werten um einen zeitlosen Mittelpunkt.

Marius Schneider

Versteht man das Gehen als einen periodischen Rhythmus, umschreibt obiges Bild die Tätigkeit des Wanderns. Hierbei kann die eigene Person als zeitloser Mittelpunkt dieses Tuns beschrieben werden.

Der gemeinhin benutzte Ausdruck 'den eigenen Rhythmus finden' war weiland eine Metapher für das Finden einer Lebensweise, die den eigenen Bedürfnissen entspricht, kombiniert mit der hierzu erforderlichen Zeiteinteilung. Letztere orientiert sich hierbei vorrangig an den Wünschen des Ichs und weniger an äußeren Vorgaben. Dies zu tun ist in einer hochzivilisierten, teilweise städtisch organisierten Gesellschaft oft sehr schwer oder gar unmöglich. Menschen, die in Städten leben, passen ihren Lebensstil gezwungenermaßen äußeren Anforderungen an und kennen im Extremfall gar nicht ihre eigenen Lebenswünsche und -rhythmen.

Der Begriff des Rhythmus als Maß für eine stärkere Selbstorientierung scheint sich inzwischen zu einem konventionalisierten Sprachbild gewandelt zu haben. Das heißt, den Menschen, die diese Umschreibung benutzen, ist oft gar nicht mehr bewußt, was mit diesem Ausdruck ursprünglich gemeint war. Das Bild an sich hat dermaßen an Selbständigkeit gewonnen, das dessen Verwendung ohne zusätzliche Erklärungen selbstverständlich geworden ist. Dies zeigte sich besonders in den im Rahmen dieser Arbeit erhobenen Interviews. Ausnahmslos jeder Wanderer sprach von der Erfahrung, unterwegs seinen eigenen Rhythmus gefunden zu haben. Was damit jedoch jeweils gemeint war, wurde erst aufgrund weiteren Nachfragens beschrieben. Die befragten Personen setzten voraus, daß die Interviewerin schon wisse, was der verwandte Ausdruck umschreibe. Tatsächlich bedarf es jedoch der vorliegenden Arbeit, um den Begriff des eigenen Rhythmus in seinem umfassenden Bedeutungsfeld, wenn auch nicht zu definieren, so doch zumindest zu umschreiben. Es ist gerade die Charakteristik eines Sprachbildes, daß es nur schwer benennbare Gegebenheiten in einem gemeinhin bekannten Bild versinnbildlicht und dadurch prägnant benennt.[72] Da Rhythmus zudem, wie in Kapitel 5.3 dargelegt, eine zum menschlichen Leben gehörende Erscheinung ist, gewinnt das Bild des eigenen Rhythmus an tieferer Aussagekraft.

In welchem Zusammenhang steht dieses Bild des Eigenrhythmus nun mit dem Alleinwandern? Das Gehen bedarf zu Anfang einer Wanderung eines Austesten des der eigenen Person und Kondition angemessenen Rhythmus. Das heißt, in den ersten 2-3 Tagen wechselt häufig die Schrittlänge und -frequenz. Solches geht einher mit der allmählichen Errichtung eines sog. Wanderalltages. Gemeint ist hiermit die Länge der Wanderzeiten, Verteilung von Pausen etc. Dieses Suchen nach einer Tageseinteilung und einem individuellen Laufstil beschreiben die befragten Wanderer als 'Finden des eigenen Rhythmus': "Die ersten Tage brauche ich immer so ein bißchen, um in meinen Rhythmus reinzukommen. Da habe ich noch nicht so ganz abgeschaltet, mache mir noch sehr viele Gedanken. Aber nach 3-4 Tagen

---

[72] vgl hierzu den Artikel zur 'Metapher'. In: Gero von Wilpert: Sachwörterbuch der Literatur. Stuttgart 1979, 6. erw. Auflage, S. 507

läufst Du einfach nur noch und fällst automatisch in Deinen Trott" (Ch.S.). In diesem Zitat wird unter Rhythmus sowohl der des Ganges als auch der des hier erläuterten Eigenrhythmus verstanden.

Da sämtliche interviewten Wanderer sich hierzu in ähnlicher Weise äußerten, stellt sich die Frage, warum und in welcher Form Wandern den Prozeß eines Ausfindigmachens von Eigenrhythmus fördert. Eine Alleinwanderung birgt vielfältige Freiräume in sich. Gänzlich von den Verpflichtungen des herkömmlichen sozialen Lebens entbunden, orientiert sich das jeweilige Tun ausschließlich an den eigenen Wünschen und Möglichkeiten. "Wandern ist für mich eine Möglichkeit, mich von meinem Alltag loszusagen und wirklich mal zur Ruhe zu kommen. Also die ganzen Zwänge, die man im Alltag hier so zu Hause hat, abzustreifen, sich auf das Wesentliche besinnen. Das ist beim Wandern einerseits vom Existentiellen her, wo habe ich das Essen, wo verbringe ich die Nacht. Das heißt, man reduziert sich auf existentielle Grundbedürfnisse und dadurch gewinnst Du sehr viel Freiraum und Zeit für Dich selbst" (R.S.). Dieser während einer Wanderung vorhandene Freiraum erscheint anfangs häufig verwirrend, da er orientierungslos in seiner Unstrukturiertheit ist. "Das kreative Moment dabei ist die Auslieferung, mich auszuliefern dem unsicherem Terrain. Das ist eine Wanderung immer. Für mich ist das wie ein weißes Blatt, was sich erst langsam füllt. Das ist alles: das ganze Zusammenwirken von dem, was ich mitbringe, was dort auf mich einwirkt. Und was ich dann daraus mache. Und was ich hinterher davon halte. Was ich dann damit tue. Nach so einer Wanderung ist dann wieder ein neues Blatt fertig. Dann bin ist selbst das Bild halt" (L.H.). Die Errichtung einer Tageseinteilung und einem gleichmäßigem Gehtempo ist zwar auch abhängig von äußeren Gegebenheiten und körperlichen Fähigkeiten. Jedoch bedarf es nur weniger Tage, in denen eine Wanderung eine der eigenen Person angemessenen Struktur erhält, die stets das Element des Rhythmischen in sich birgt. Abgesehen von der Anfangsphase, verläuft dann eine Wanderung den äußeren Umständen nach recht gleichförmig: "Die eigentliche Geschwindigkeit, die ich beim Wandern brauche, ist immer konstant. Wenn ich sie gefunden habe. Am Anfang ist es ein Chaos und hinterher ist sie ganz klar: So laufe ich halt immer"

(L.H.). Es bleibt festzuhalten, daß das Sich-Bewegen in einem der eigenen Person angemessenen Geh- und Lebensrhythmus Kräfte freisetzt, die es ermöglichen, den Strapazen und Ungewißheiten einer Wanderung gewachsen zu sein.

6. Wandern als Naturerfahrung

Solange die Menschen an das Unendliche glauben, wird es Seen ge-
ben, die für bodenlos gehalten werden.

Henry David Thoreau

Es scheint offensichtlich, daß Wandern Möglichkeiten von Naturerfahrung
bietet, die im städtischen Leben nur bedingt erreichbar sind. Zu fragen ist,
ob Wandern als Urlaubsform Veränderungsprozesse bei den betreffenden
Menschen hinsichtlich ihres Naturverständnisses erzielt. Auch ist zu erörtern, welche Rolle die Natur im Leben von Wanderern einnimmt.

6.1. Problematik des Naturbegriffes

Wird im Rahmen dieser Arbeit von Natur gesprochen, so sei damit ausnahmslos eine vom Menschen beeinflußte und verformte Natur gemeint.
Auch ist zu bedenken, daß "die Vorstellung von dem, was 'Natur' oder 'natürlich' ist, von unterschiedlichen kulturellen Definitionen und Assoziationen abhängt."[73] 'Natur' ist somit eine in unserem Jahrhundert stets vom
Menschen – und sei es 'nur' durch das Schwinden der Ozonschicht – manipulierte. Sie wird für menschliche Zwecke so weit als möglich nutzbar gemacht und verkommt dadurch häufig zu einem kulturellem Wert. Die Tou-
rismusindustrie verwendet in diesem Sinne Natur als Erlebnisraum zwecks
Regeneration und Erholung vom Alltagsleben. Der Naturbegriff wird zudem für vielfältige Werbezwecke benutzt und mißbraucht.

Die Suche danach, was letztendlich Natur sei, erscheint aufgrund der Viel-
fältigkeit des Problems nahezu unendlich. Will man jedoch derzeit gültige

---

[73] Köck, 1990, S. 47

Wortbedeutungen und kulturelle Leitvorstellungen in ihrer Aussagekraft untersuchen und beschreiben, bietet sich auch hier ein Blick in die Entstehungsgeschichte des Begriffes 'Natur' an. Eine für unseren Kulturraum immer noch wesentliche Bedeutung erhält die Philosophie der Griechen und Römer. So leitet sich auch der Begriff der 'Natur' vom lateinischen 'nasci = geboren werden, entstehen' ab. Natur wurde von Platon als ein "im ganzen beseeltes Lebewesen"[74] beschrieben. Aristoteles verstand Natur als etwas, welches das Prinzip der Bewegung in sich trage.[75] 'Die griechische Mythologie beschrieb Natur als einen von den Göttern beseelter und beherrschter Kosmos, niemals jedoch lediglich als tote Materie.

Bis ins Mittelalter hinein existierte ein gewisses Vertrauen in die göttliche Fügung des Kosmos im Sinne einer ganzheitlichen und wohlgestalteten Ordnung. Natur erschien zwar in ihrer Unberechenbarkeit für menschliches Leben häufig bedrohlich, wurde aber dennoch als Voraussetzung aller Existenz geachtet und in den Mythologien fast aller Völker verehrt. Wälder als Teil dieser menschliches Leben verzaubernden Natur galten als Ort des Fremden und Unbekannten: "In unserer Vorstellung wecken sie zwar Assoziationen von Gefahr und Preisgabe, doch sie lassen auch Bilder der Verzauberung aufsteigen. Mit anderen Worten, in den Religionen, Mythologien und Literaturen des Abendlandes erscheint der Wald als ein Ort, an dem die Logik der Unterscheidung in die Irre geht."[76] Dies änderte sich mit Übergang in die Neuzeit: "Mit dem Zerbrechen der mittelalterlichen Vorstellung, daß der Mensch eingebettet sei in eine natürliche Versorgung und in einer Welt der Vorhersehung, d.i. in einer gottgefügten Ordnung lebe,

---

[74] Gernot Böhme: Natürlich Natur. Über Natur im Zeitalter ihrer technischen Reproduzierbarkeit. Frankfurt/Main 1992, S 73

[75] vgl Stefan Heiland: Naturverständnis. Dimensionen des menschlichen Naturbezuges. Darmstadt 1992, S. 16-23

[76] Robert P. Harrison: Wälder. Ursprung und Spiegel der Kultur. München, Wien 1992, S. 10

war der Mensch gezwungen, sich selbst in der Welt zu behaupten."[77] Der Mensch erwarb in der Vorstellung seiner Freiheit ein Herrschaftsrecht auf sein Lebensumfeld.

Dem entsprach die sog. cartesische Trennung zwischen 'res extensa' als äußere Materie und 'res cogitans' im Sinne von menschlichem Geist und denkender Innenwelt. Diese im 17. Jahrhundert auf Descartes und Kant zurückgehende Unterscheidung zwischen Naturphilosophie und Naturwissenschaft begründete eine analytische Denktradition der naturwissenschaftlichen Methodik. Hierbei wurden Naturprozesse vom denkenden und begreifenden Menschen auf Kausalbeziehungen reduziert, die es zu erkennen und erklären galt. Natur als tote Materie sollte in ihre Bestandteile zerlegt und synthetisch analysiert werden. Die von den Naturphilosophen im Vordergrund stehende Frage nach dem Wesen von Natur verlor an Bedeutung. Gesucht wurde fortan vielmehr nach den in Naturprozessen vorhandenen Möglichkeiten, die für menschliche Zwecke nutzbar gemacht wurden.[78] Ethische Grundlage hierfür war das vom Christentum begründete Herrschaftverhältnis des Menschen über die Erde.[79] Die Natur wurde endgültig zum Objekt. Der eigenverantwortliche Mensch war aufgrund seiner scheinbar unendlichen Vervollkommnungsfähigkeit zum Fortschritt aus sich selbst heraus fähig. Daraus entwickelte sich zunehmend ein Antagonismus zwischen Mensch und Natur, zumindest was den hiesigen Kulturkreis betrifft.[80]

---

[77] Gerhard de Haan: Natur und Bildung. Perspektiven einer Pädagogik der Zukunft. Weinheim, Basel 1985, S.43

[78] vgl. Böhme, 1992, S. 17

[79] Erstes Buch Mose, Genesis 1, 28: "Seid fruchtbar und mehret euch und füllet die Erde und machet sie euch untertan und herrschet über die Fische im Meer und die Vögel des Himmels, über das Vieh und alle Tiere, die auf der Erde sich regen." vgl. Interpretationsdiskussionen hierzu in: A. Auer: Umweltethik. Ein theologischer Beitrag zur ökologischen Diskussion. Düsseldorf 1985[2]

[80] Das solches in anderen Kulturen und in hiesigen Breiten zu früheren Zeiten durchaus anders war, belegt Hans Peter Duerr: Traumzeit: Über die Grenze zwischen Wildnis und Zivilisation. Frankfurt am Main 1978

Die über Jahrhunderte andauernde selbstverständliche Benutzung und Zerstörung des Lebensraumes Natur wird angesichts einer drohenden ökologischen Katastrophe höchst fragwürdig. "Ferner ist der neuzeitliche Entwurf der Befreiung des Menschen von jeglicher Herrschaft durch die Beherrschung der Natur und die damit verbundene Vorstellung von der Möglichkeit eines zukünftig besseren Lebens umgeschlagen ins Gegenteil: in die Möglichkeit der Unmöglichkeit von Zukunft."[81] Dies hat eine derzeit verstärkte Auseinandersetzung mit dem menschlichen Umgang mit Natur zur Folge und führt zu einer erneuten Problematisierung des Begriffes. Die Natur ist bereits dermaßen von menschlicher Zivilisation manipuliert und zu ihren Zwecken nutzbar gemacht, daß die Trennung zwischen äußerer Materie und denkendem Subjekt nicht mehr zutrifft. Natur muß und wird immer mit der Prämisse 'Mensch' in Verbindung gebracht. Ein selbstverständliches Benutzen des Naturbegriffes ist somit unmöglich geworden. Vielmehr bedarf es stets einer Erläuterung, in welchem Bezugsrahmen der Naturbegriff verwendet wird.

6.2. Die Wahrnehmung des Naturschönen

Aus der Unerfahrenheit im Verhalten gegenüber der Naturumwelt entstehen Projektionen, Einbildungen, die ihrerseits einen Eindruck davon vermitteln, wie wenig die Menschen des ausgehenden 20. Jahrhunderts in ihrem Alltag mit dem System Natur konfrontiert werden.

Christian Köck

Seit der Romantik existiert neben dem Fortschrittsgedanken und der hierfür notwendigen Verwendung von Natur für menschliche Bedürfnisse eine Idealisierung des Topos Natur. Spätestens seit dem 19.Jahrhundert erfolgte eine Rückbesinnung des Menschen auf Natur als ästhetischen Wert. Durch die fortschreitende Zivilisation war Natur als Lebensraum einer bäuerlichen

---

[81] de Haan, 1985, S.65

Gesellschaft nicht mehr selbstverständlicher Bestandteil menschlichen Alltages. Solches hatte ein Verständnis von Natur als Erlebniswert zur Folge und zeigte sich ab 1850 in der Gründung von Wandervereinen in den meisten Ländern Europas. Natur wurde nicht mehr als menschliches Leben bedrohend erlebt, sondern in ihrer Schönheit als ästhetischer Wert idealisiert. Durch die in der Neuzeit entstandene Distanz zwischen Mensch und Natur erhielt letztere eine gewandelte Bedeutung: "Die Rückbesinnung auf das Naturschöne liegt durchaus nahe in einer Welt, in der alles gemacht ist oder machbar erscheint. Denn im Naturschönen hält sich die Sehnsucht nach dem Nicht-Gemachten, und diese Sehnsucht dürfte gerade deshalb wieder erstarken, weil der Erfolg zweifelhaft ist, der sich mit der Naturbeherrschung verbindet."[82] Natur als Möglichkeit von ästhetischer Erfahrung gewinnt u.a. im Wandern an Bedeutung.

Doch was versteht man unter diesem sog. Naturschönen? "Ein Zugang zur Natur, bei dem nicht auf ihre Beherrschung gesetzt wird, wird in der philosophischen und ästhetischen Tradition als 'Naturschönes' formuliert. Das Naturschöne muß als Ausdruck einer Gegenbewegung zur sich verhärtenden Struktur derjenigen Naturerkenntnis und -bearbeitung begriffen werden, die lediglich auf Verfügbarkeit und Beherrschung ausgerichtet ist."[83] Auch hier erhält das Naturschöne kulturellen Wert, ist erst aufgrund der in der Neuzeit generierten Distanz zwischen Mensch und Natur entstanden. Entscheidend ist hierbei die tendenziell ganzheitliche, sinnliche Wahrnehmung von Natur. Diese erhält gerade nicht aufgrund einer Bewertung von seiten des menschlichen Verstandes an ästhetischer Bedeutung, sondern im und durch das gegenständliche Erleben. Solches kann in der Tätigkeit des Wanderns geschehen. Wandern ist nicht nur ein Betrachten von Natur im Sinne eines Panoramablickes aus dem Autofenster heraus. Sondern das Gehen ist tätige Eigen- und Fortbewegung in der Natur. Diese wird mit Augen, Ohren, Nase und im Kontakt der Füße mit dem Boden erlebt.

---

[82] de Haan, 1985, S. 178
[83] ebd. S. 15

"Erstmal gefällt mir am Wandern die körperliche Betätigung und zweitens habe ich dabei Kontakt zur Natur. Also Wandern ist Naturerlebnis schlechthin. Ja und wie gesagt, die Beziehung zwischen beiden. Körperlichkeit zum einen und zum anderen der Austausch zwischen beiden Körper und Natur" (R.S.). Wandern bietet die Möglichkeit einer sinnlichen Erfahrung der Außenwelt und auch sinnliches Erleben seiner selbst in der Bewegung. Dieses kann nach Klages als 'virtueller Mitvollzug' von Natur bezeichnet werden.[84] Demnach wird eine Landschaft nicht nur mit dem Blick erfaßt, sondern die Steigung eines Berges wird in der Anstrengung des Aufstieges körperlich erlebt und nachvollzogen. "Es ist ein anderes Erleben und ein anderes Sehen. Das hält sich so die Waage. Es gibt unterschiedliche Motivationen: Manchmal willst Du Dir was bestimmtes angucken. Und dann gibt es noch den Moment, dann willst Du es auch erleben. Wie es ist, im Berg zu sein. Deine Gefühle mit der Natur anders zu erleben. Also das Gefühl, einfach da zu sein" (J.M.). Ein Fluß wird nicht nur in seiner Lautstärke gehört, sondern bisweilen in seiner Kälte während des Durchwatens erspürt. "Wenn man den Fluß nämlich laut hört, dann ist er steil. Wenn man ihn leise oder gar nicht hört, dann fließt er natürlich eben. Und daher kann man also mit einem guten Gehör antizipieren, wieviel Steigung man vor sich hat" (K.L.). Dieses Erleben von Natur verbunden mit einer erhöhten, zunächst körperlichen Selbstwahrnehmung hat Folgen: "Die Wahrnehmung des Naturschönen, der Natur sinnlich, empfindend zu begegnen, heißt, bei sich und an der Natur etwas zu entdecken, das jenseits der alles durchherrschenden Verstandestätigkeit liegt, heißt damit pädagogisch gewendet, dem Individuum Möglichkeiten zu eröffnen, Natur auch anders als nur wissenschaftlich entgegenzutreten."[85] Zu bedenken ist, daß dieser ästhetische Genuß des Naturschönen zwar eine Konsequenz der zivilisationsbedingten Entfremdung des Menschen von Natur als Lebensraum ist. Jedoch ist die hierdurch wiedergewonnene Achtung der Natur

---

[84] vgl. Ludwig Klages: Der Geist als Widersacher der Seele. Fünftes Buch. In: Sämtliche Werke Band 2. Philosophie II Bonn 1966, S. 1022-1081

[85] de Haan, 1985, S. 185

keine Neuentdeckung, sondern höchstens Ausdruck des Ausmaßes der neuzeitlichen Distanz zwischen Mensch und Natur. "Natur als die in der Regel unausdrückliche Basis menschlichen Lebensvertrauens hat in der Geschichte vielfach religiöse Weihen erfahren."[86] Somit scheint eher die Verehrung oder Verzauberung des Menschen durch die Natur Normalität menschlicher Kulturgeschichte zu sein, als die durch Entwicklung von Technik und Wissenschaft bedingte Kultivierung von der Natur als etwas ausschließlich Schönem.

6.3. Wandern im Lebensraum Natur

Ich bin Leben, das leben will, inmitten
von Leben, das leben will.
Albert Schweitzer

In Bezug auf Wandern als Naturerfahrung steht nicht die Frage nach dem Wesen und Nutzen von Natur im Vordergrund. Interessant erscheint vielmehr, in welcher Beziehung der Wandernde zur Natur steht und von welchem Standpunkt aus er diese erlebt. Je stärker der Mensch in das Geschehen natürlicher Lebenskreisläufe eingebunden ist, desto bedachter kann sein Umgang mit Natur sein. Insofern kann Wandern als zeitweiliges Sich-Bewegen in einer natürlichen Landschaft das ökologische Bewußtsein der betreffenden Menschen nachhaltig beeinflussen: "Und mein Naturverhältnis änderte sich dadurch auch, daß ich jetzt versuche, möglichst nicht kontraproduktiv gegenüber der Natur zu sein. Also entsprechend fliegen oder mit dem Auto in die Ruhe zu kommen, das ist bei mir nicht mehr drin" (L.H.).

Natur als zeitlich begrenzter Lebensraum von Wanderern ist als sog. Wildnis vom Menschen selten gänzlich ungenutzte Natur. Wanderer bevorzugen als Betätigungsfeld ihres Urlaubes vielmehr Nationalparks. Diese sind

---

[86] Böhme, 1992, S 58

landschaftliche Reservate für bedrohte Pflanzen und Tiere. Mit Gründung des ersten Nationalparks 1872 in den USA wurden bestimmte Naturräume als vor der Zivilisation zu schützendes Gut deklariert. Landwirtschaft oder die Erschließung von touristischen Gebieten innerhalb von Nationalparks ist nicht erlaubt. Die Natur wird dadurch tendenziell zum erhaltungswürdigen Kulturgut.[87] Das Betreten dieser Gebiete durch den Menschen ist gestattet, in eingeschränkter Form werden Nationalparks als Erholungsraum genutzt. So existieren Wanderwege und es werden pädagogische Schulungszentren mit Naturkundepfaden angelegt. In Extremform gewinnt die Natur hierdurch musealen Charakter. Zudem ergeben sich durch die hohe Frequentierung von Wanderern in solchen Schonräumen teilweise Probleme. So wurden 1992 in der Moorlandschaft des Hohen Venns (Nordeifel) bereits weite Gebiete gänzlich für den menschlichen Zutritt gesperrt, da eine fortschreitende Zerstörung der Landschaft durch Wanderer zu beobachten war.[88] Wird im folgenden daher vom Lebensraum Natur gesprochen, so überwiegend unter der Prämisse als eines von Menschen hierfür geschaffenen Freizeitgebietes und selten als eines von ihm unbeeinflußten Naturraumes.

Gleichwohl birgt eine über einen länger andauernden Zeitraum getätigte Wanderung in einer natürlichen Landschaft spezifische Erfahrungen in sich. Alleinwanderer erwähnen immer wieder den Genuß von Stille und Einsamkeit, das Schweifen des Blickes und das ganz auf sich allein gestellte Leben außerhalb eines städtischen Umfeldes: "Aber immer wieder dieses morgendliche Aufbrechen in eine wunderschöne Landschaft hinein, das Steigen und, daß sich dann der Blick verändert hat. Daß ich dann einen weiten Überblick bekam über die Berglandschaft und auch das Unberührte dieser Gegend. Es war oft menschenleer. Das habe ich dann genossen, bin dann auch an diesen Plätzen einfach nur geblieben und habe lange Pausen gemacht, wo keine Menschenseele war" (B.N.).

---

[87] vgl Geo-Heft August 1993, S. 84-86

[88] vgl. Frankfurter Rundschau vom 14.08.1993

Wesentlich ist das Selbstverständnis von Wanderern in ihrer Beziehung zur Natur. Diese ist im städtischen Umfeld zunächst als Erholungsraum für Wochenendspaziergänge bekannt. Natur erhält in Form von sog. Naherholungräumen kulturellen Standard, da sie solcherart Bestandteil jeder städtebaulichen Planung ist. Gänzlich anders gestaltet sich die Beziehung zwischen Mensch und Natur jedoch beim Wandern in entlegenen Gebieten. Zunächst wird Natur häufig als etwas dem städtischen Alltagsleben gänzlich Fremdes erlebt: "Vielleicht dadurch bedingt, daß mein normaler Lebensrhythmus einfach in der Stadt abläuft. Daß die Natur tatsächlich für mich was ist, wo man einmal im Jahr hinfährt, wie wenn man in den Zoo geht, um wilde Tiere zu sehen vielleicht. Ich komme mir da auch wie als Gast vor, so eben als Betrachter oder Tourist" (Ch.S.). Im Verlauf einer längeren Wanderung ändert sich dieses Erleben jedoch schnell. Insbesondere Alleinwanderer sind der Natur z.B. in Form des Wetters oder bei Kälteeinbrüchen gänzlich ausgeliefert. Es ist unterwegs äußerst sinnvoll, sich in seinem Handeln den äußeren Gegebenheiten anzupassen. Solches bedarf oft einer großen Flexibilität, das heißt, das jeweils gegebene Wetter entscheidet über Länge und Richtung der Tagesroute. Es ist durchaus möglich, daß eine Tour nicht über mehrere Tage hinweg vorausgeplant werden kann, sondern erst am jeweiligen Morgen entschieden wird, ob und wie weit man geht. Ein genaues Beobachten von Wetterumschwüngen, schwierigen Gehpassagen etc. entwickelt sich hierdurch. "In den Alpen hatte ich zum ersten Mal das Gefühl, daß die Natur doch stärker ist als der Mensch, zumindest ab 2700 Meter Höhe. In dieser Höhe bist Du der Natur viel stärker ausgeliefert. Dort kannst Du Dich nicht einfach darüber hinwegsetzen, wenn Nebel ist" (J.M.). Das heißt, das jeweilige Tun richtet sich vorrangig nach den gegebenen Verhältnissen und nicht unbedingt nach den eigenen Wünschen. Existentielle Fragen, wie die Suche nach einem geeigneten Zeltplatz oder nach Wasser bestimmen das Handeln von Wanderern: "Das habe ich dann auch gelernt in dieser Zeit: wo gibt es Wasser. Wenn man dann so die Blicke schweifen läßt, dann lernt man das mit der Zeit erkennen, wo ist eine Quelle oder wo ist fließend Wasser. Das sind dann die Dinge die immer sehr wichtig werden auf Wanderungen" (B.N.). Das Verhältnis des Menschen zum Lebensumfeld Natur ist somit nicht ausschließlich das eines außenstehenden Betrachters, sondern eines, des völligen Ausgeliefertseins. Je nach vorhandener Wanderinfrastruktur in Form von Hütten oder Wegen differenziert dieses. Menschen, die beispielsweise in Nordskandinavien oder in Teilen der USA wandern, können mit keinerlei Hilfen von Seiten der Zivilisation rechnen.

Die dem städtischen Lebensalltag angepaßte Einstellung in Form von Naturbeherrschung wandelt sich somit während einer Wanderung zu einem umgekehrten Verhältnis: Die Natur bestimmt das Leben des Menschen. "Das kreative Moment dabei ist Auslieferung, mich dem unsicherem Terrain auszuliefern. Das ist eine Wanderung immer"(L.H.). Die Distanz zwischen Mensch und Natur wird dadurch kleiner. Bisweilen sind Wanderer außenstehende Betrachter großartiger Panoramen im Sinne des oben erläuterten Naturschönen. Gelegentlich erleben sich Menschen aber auch als Teil des sie umgebenden Ganzen. "Als Wanderer bin ich sowohl Teil der Natur als auch deren Betrachter. Es gibt Momente, da bin ich Betrachter, und es gibt Momente, da fühle ich mich unendlich eins mit der Natur" (R.S:).[89] Hierdurch verschwimmen die Ich-Grenzen einer Person. Es ist nicht immer klar, wo jemand aufhört und das Äußere beginnt. Sondern Umfeld wie Boden, Fels oder Baum werden als Verbündete des eigenen Selbst angesehen. Wanderer können sich in extremer Form als Teil des Ganzen 'Natur' erleben. Letzteres geschieht besonders häufig in Gefahrensituationen, in denen ein Vertrauen in die Natur für ein Überleben hilfreich sein kann: "Kämpft man gegen die Natur, würde man sterben. Geht man mit dem Wald oder den Bergen, lebt man in und mit ihr" (R.S.). Grund hierfür ist das Fehlen von Angst vor einem als bedrohlich erlebten Umfeld. Wird Natur als Partner definiert, von dem in Krisensituationen Beistand und nicht Feindschaft erwartet wird, ist das Bewältigen kritischer Situationen leichter: "Ich habe mich dann richtig mit dem Boden verbündet. Ge-

---

[89] zum Verhältnis Mensch-Natur in der Philosophiegeschichte bietet einen ersten Überblick: Böhme, 1992

dacht, hier kann der Steinschlag Dich nicht erreichen, hier bist Du sicher. Dadurch verlor ich etwas von meiner panischen Angst, in der ich hätte weiter klettern wollen, was lebensgefährlich war" (L.H.).

6.4. Wandern als Möglichkeit ökologischer Erziehung?

Fragt jemand nach meinen Kindheitserinnerungen, dann gilt mein erster Gedanke nicht den Menschen. Nein, es war die Natur, die alle meine Tage umschloß und sie so intensiv erfüllte, daß man es als Erwachsener gar nicht mehr zu fassen vermag. Der Steinhaufen, wo die Walderdbeeren wuchsen, die Leberblümchenstellen, die Schlüsselblumenwiesen, die Blaubeerplätze, der Wald mit den rosa Erdglöckchen im Moos, das Gehölz rings um Näs, wo wir jeden Pfad und jeden Stein kannten, der Fluß mit den Seerosen, die Gräben, die Bäche und Bäume, an all das erinnere ich mich besser als an die Menschen. Steine und Bäume, sie standen uns fast so nahe wie lebende Wesen, und es war auch die Natur, die unsere Spiele und Träume hegte und nährte.

Astrid Lindgren: Das entschwundene Land

Es ist anzunehmen, daß Menschen neben einer personalen und sozialen auch eine Naturidentität entwickeln können. Solches ist davon abhängig, ob und in welchem Umfang Natur in der Kindheit erfahrbarer Lebensraum war. Sämtliche befragten Wanderer wuchsen entweder auf dem Dorf auf, oder gingen als Kinder regelmäßig mit ihren Eltern wandern. Für keinen Befragten war somit Natur ein neu zu entdeckendes Element seines Erwachsenenlebens. Wandern war immer Rückgriff auf Kindheitserfahrungen mit Natur und wurde auch von allen Befragten damit in Verbindung gebracht: "Und ich glaube, daß da so die Wurzel zu meinem Verhältnis zur Natur ist. Die Wurzel und die Grundlage dazu liegen in meiner Kindheit. Da gibt es so elementare Erlebnisse. Wie Gerüche, die spielten immer eine Rolle, wie jetzt auch in meinem Leben. Und ich glaube, daß mir schon damals das Leben auf der Erde, in der Erde auch, das war halt so unser Spielplatz, daß dieser sinnlich wahrzunehmende Geruch mir Kraft gegeben hat" (B.N.).

Setzt man die Möglichkeit einer Naturidentität von Menschen als gegeben voraus, erscheint es hinsichtlich ökologischer Erziehung sinnvoll, diese in der Kindheit zu fördern. Je stärker der Bezug von Menschen zur Natur entwickelt wird, desto größer kann das Verantwortungsgefühl ihr gegenüber sein. In diesem Rahmen erscheint Wandern mit Kindern begrüßenswert, ist jedoch nicht Thema der Arbeit. Zu erörtern ist vielmehr, ob und wie Wandern im Erwachsenenalter das Naturverhältnis von Menschen verändern kann. Selbst wenn Wanderer aufgrund ihrer Kindheitserfahrungen bereits eine im Vergleich zu anderen Menschen starke Naturidentität herausgebildet haben, ist diese zunächst nur auf die Urlaubszeit begrenzt, bzw. wird in ihr er- und gelebt. Gefahr bleibt, daß Wanderer einmal im Jahr ihren Lebensraum wechseln, ansonsten ihr gewohntes Leben im städtischen Umfeld von der Naturerfahrung des Wanderns unbeeinflußt weiterführen. Dieser Tatbestand konnte in den Interviews nicht gänzlich widerlegt werden. Lediglich zwei der sechs befragten Wanderer erwähnten neben einer Bewußtseins- auch eine Verhaltensänderung: "Ja, es ist einfach auch angenehm, dieses Naturverhältnis zu haben. Und es verändert mich. Sachen, die Du sonst nicht hast. Und dann zu sagen, daß macht ja gar nichts mit Dir, das ist nicht drin. Es ist schon ausschlaggebend für das, was ich im Leben tue. Das was ich da mitbringe, mache, erlebe, ist Teil meines Lebens" (L.H.).

Insofern kann im folgenden lediglich der Einfluß von Natur auf wandernde Menschen beschrieben werden. Die Frage, ob und wie Wandern tatsächlich ökologisches Verhalten fördern kann, konnte anhand der durchgeführten Interviews nicht geklärt werden. Ein Umdenken hinsichtlich des menschlichen Naturverständnisses erscheint angesichts der fortschreitender Zerstörung von Lebensräumen jedoch zwingend notwendig. "Mit der ökologischen Krise wird das bisherige Denken über Natur und das Handeln an ihr problematisch. Die Einstellung zur Natur und das Verhalten ihr gegenüber scheint sich ändern zu müssen. Aufgrund dieser Einsicht wird versucht, dem drohenden Desaster auch mit Hilfe von Erziehungs- und Bildungsprozessen als Umwelterziehung oder ökologisches Lernen zu begegnen."[90]

Wie in Kapitel 6.3 bereits angedeutet, ist die Qualität der Beziehung zwischen Mensch und Natur ausschlaggebend für ökologisches Verhalten. Durch das Erleben des Naturschönen während des Wanderns wird die Distanz zwischen Mensch und Natur geringer, das Verhältnis kann im Optimalfall unterwegs zu einem tendenziell partnerschaftlichen werden. "Denn mit dem Naturschönen ist intendiert, die in den (mechanischen) Naturwissenschaften als tot erscheinende Natur wieder lebendig zu machen. Doch das ist nur möglich, wenn die Natur als Subjekt gesetzt wird: Natur-Subjekt auf der einen und der empfindende Mensch als Subjekt-Natur auf der anderen Seite. Da aber das Subjekt je räumlich-zeitlich verschiedene Erfahrungen macht, gerät auch Naturwahrnehmung, die Ent-deckung einer Landschaft singulär."[91] Dieses verweist darauf, daß Wandern nie Teil eines generellen ökologischen Konzeptes werden kann, da die hierdurch gewonnenen Erfahrung der Selbst- und Naturentdeckung immer singuläre Qualität erhält. Wandern ist und kann diesbezüglich meist nur Einzelerfahrung sein. Gruppenwandern ist stärker auf soziale Komponenten konzentriert, auch wenn ihm die Möglichkeit der Naturerfahrung nicht gänzlich abgesprochen werden darf. Aber das gänzliche Ausgeliefertsein und die Verbindung zwischen Mensch und Natur in ihrer Extremform ist kennzeichnendes Merkmal von Alleinwanderungen. Das Erleben seiner selbst nicht als autonomes Subjekt, sondern abhängig von natürlichen Lebenszusammenhängen ist hierbei herausragendes Charakteristikum. "Am meisten gefiel mir eben dieser totale Einklang mit der Natur, abends war ich zum Beispiel immer auch fischen und habe so Schellfische rausgeholt und andere Fische gefangen, die dann anschließend zubereitet. Oder Pinguine beobachtet. Also wirklich alles so Dinge, die man hier im normalen Leben einfach nie macht" (Ch.S.). Es bleibt zu hoffen, daß solche Erfahrungen eine

---

[90] de Haan, 1985, S. 41
[91] ebd. S. 184

Reflexion mit der eigenen alltäglichen selbstverständlichen und zerstörerischen Nutzbarmachung natürlicher Ressourcen zur Folge hat.

Wandern bietet zudem möglicherweise emanzipatorisches Potential in zweierlei Hinsicht: Zum einen durch sinnliche Erfahrung des Naturschönen in Form einer Revision des eigenen Naturverhältnisses.[92] Zum zweiten kann Wandern eine Herausbildung und Stärkung der jeweiligen Naturidentität eines Menschen fördern. Solche birgt erhebliche Entwicklungs- und Kraftreserven in sich, die im Alltag oft ungenutzt bleiben: "Das hat sehr viel mit dem Erleben, mich in der Natur zu erleben, zu tun. Und ich bin in Bewegung in der Natur, ich erlebe die Natur, ich erlebe aber auch meinen Körper sehr intensiv, bin der Natur sehr nahe. Dieses gibt mir Kraft" (B.N.). Dieses bis zur Identifikation mit Natur reichende Selbstverständnis des Menschen als immanenten Teil derselben relativiert das herkömmliche Menschenbild eines außenstehenden Betrachters im Sinne des 'res cogitans'. "Es zeigt sich dann, daß die Beziehung zur äußeren Natur im Kern eine Beziehung des Menschen zu sich selbst ist."[93] Solches ist Grundlage der Naturidentität, die von Wanderern als ein sehr tiefreichendes Gefühl beschrieben wird: "Etwas bleibt mir noch, wie so eine Sehnsucht. Irgendetwas zieht mich immer wieder in die Natur und ich weiß eigentlich nicht, was es ist. Ich kann nicht sagen, das ist jetzt die Stille oder die Einsamkeit, ich glaube es ist irgendetwas anderes, etwas Schönes, aber auch etwas Melancholisches" (B.N.). Inwieweit solch eine Sehnsucht tatsächliche Wirkung auf ökologische Verhaltensänderung im Sinne eines erziehungswissenschaftlichen Konzeptes haben kann, übersteigt jedoch die Möglichkeiten dieser Arbeit. Es bleibt lediglich festzustellen, daß Wandern als bewußtseinsverändernde Tätigkeit Möglichkeiten der Reflexion über den eigenen Umgang mit Natur bietet: "Die Natur aus der eigenen Anschauung zu kennen. Das ist ungefähr so wichtig, als wenn man Proust gelesen hat"(L.H.).

---

[92] ebd. S. 182
[93] Böhme, 1992, S. 78

7. Gehen und Denken

Unsere Natur ist in der Bewegung, völlige Ruhe ist der Tod.

Pascal, Pensées

Im hiesigem Kapitel steht das Bemühen im Vordergrund, Zusammenhänge zwischen körperlicher und geistiger Fortbewegung zu umschreiben. Eine eindeutige Kausalitätsbeziehung zwischen Gehen und Denken erscheint in ihrer Struktur explizit nicht darstellbar. Es bedarf jedoch lediglich eines Blickes in literarische Texte von Schriftstellern, seien es nun Hölderlin, Goethe, Fontane, Bernhard oder Handke, um Zusammenhänge zwischen Gehen und Denken aufzuspüren. Eben diese aufgeführten schreibenden Menschen waren oder sind samt und sonders Wanderer gewesen. Hölderlin schaffte mühelos eine Tagesetappe von fünfzig Kilometern und auch Handke gilt als ausgesprochener Wanderer. Das Erleben von Langsamkeit, Gleichmaß des Schrittes und Natur während des Wanderns zeigt sich z.B. in der Rhythmik von Gedichten Hölderlins.[94] Bernhard und Handke thematisieren das Gehen explizit in ihren Texten.[95] Und Fontane beschreibt ganze Landschaften in Reiseberichten.[96] Diese Texte sind jedoch nur Beispiele für den Einfluß des Gehens auf Denkprozesse aus der Literaturgeschichte.[97] Sie seien als Zeugnisse dessen genannt, daß und vor allem in welcher Form das Gehen Voraussetzung produktiven Schaffens sein kann.

Aufgabe dieser Arbeit ist die Darstellung von Zusammenhängen zwischen Gehen und Selbstreflexion beim Wandern. Anhand der Interviews wird gezeigt, daß Wandern einen Prozeß der Selbstbeobachtung, -auseinandersetzung und -reflexion fördert. Das Ergebnis hiervon ist zumeist inneres Wachstum und Offenheit hinsichtlich unbekannter Erlebnisse oder Begeg-

---

[94] vgl. hierzu: Pierre Bertaux: Hölderlin. Frankfurt 1978, S. 268-287

[95] Thomas Bernhard: Gehen. Frankfurt/Main 1971

[96] Theodor Fontane: Wanderungen durch die Mark Brandenburg. Berlin 1865

[97] eine Vertiefung dieses Themas wäre Aufgabe einer germanistischen Arbeit

nungen. In den Interviews erwähnten zwei Befragte, daß Wandern sie zum Schreiben und Malen animiere. Dieses verstanden sie jedoch nicht als Prozeß kreativen Schaffens, wie es in den oben erwähnten Textproduktionen der Fall ist. Das heißt, das Schreiben erhielt nicht eigenständige Bedeutung im Sinne künstlerischen Tuns. Vielmehr übernahm es bei einem Wanderer wesentliche Momente der Selbstreflexion, stand also unter einer Fremdpriorität. Insofern steht in diesem Kapitel ein Nachdenken über die eigene Person im Vordergrund. Wandern als Moment kreativen Tuns äußerte sich zwar bei den befragten Personen in höchst unterschiedlicher Weise. Sofern wandernde Menschen unterwegs schreibend Tagebuch führten, war dies jedoch immer eine Folge erhöhter Selbstreflexion.

7.1. Denken in der Körperbewegung

Wenn ich meine Füße ruhen lasse, hört mein Kopf auch auf zu funktionieren.

J.G. Hamann

Wandern wird als ganzheitliches Tun beschrieben, welches sich auf den gesamten Körper und Geist eines Menschen erstreckt. Die Tätigkeit des Gehens setzt Denkprozesse bei Wanderern in Gang, die vornehmlich um die eigene Person kreisen. "Diese Feststellung machen wir immer wieder, daß wenn wir gehen, und dadurch unser Körper in Bewegung kommt, dann auch immer Denken in Bewegung kommt, das ja kein Denken war im Kopf. Wir gehen mit unseren Beinen, sagen wir, und denken mit unserem Kopf."[98] Die Trennung zwischen Beinen und Kopf kann, wie Bernhard in diesem Zitat andeutet, nicht eindeutig gezogen werden. Es erscheint zwar unmöglich, zu analysieren, wie und vor allem wodurch körperliche Fortbewegung Denkprozesse animiert. Aber daß solches geschieht, kann zumindest am Beispiel des Wanderns beschrieben werden. Wandern ist in der körperlichen Anstrengung und in der Erfahrung der eigenen Belastbarkeit

---

[98] Bernhard, 1971, S. 88

Selbsterfahrung in Form einer sportlichen Betätigung. Dies entspricht der gesamten Methodik der Arbeit, in der es nicht um eine Empirie von Fremderfahrung geht, sondern explizit um die Darstellung einzelner Selbsterfahrungsprozesse im Zusammenhang mit Wandern. Solches wurde von den befragten Personen als ganzheitliches Geschehen beschrieben: "Ich bin körperlich nicht voll ausgelastet im Alltag und für mich ist das Wandern eben die Zeit, wo ich mich körperlich voll auslaste und seelisch durchlüfte, und körperlich und seelisch erneuern kann" (K.L.). Dieses Verständnis ganzheitlichen Tuns in einem sinnlich erfahrbaren, natürlichen Umfeld entspricht den Vorstellungen Hugo Kükelhaus'. Dieser plädiert für ein Leben und Lernen in einer durch den Körper und mit mehr Sinnesorganen, als den Augen, erfahrbaren Welt. Kükelhaus betont, daß menschliche Sinnesorgane durch ihren Nichtgebrauch in ihrem Können verkümmern. Umgekehrt heißt dies aber auch, daß z.B. die Wahrnehmungsfähigkeit der Nase im Erkennen von Gerüchen geschult und dadurch erhöht werden kann. "Kükelhaus ging es darum, eine greifbare und begreifbare Welt zu schaffen, Inseln der Wahrnehmung und sinnliche Vielfalt, in unserer sich immer schärfer polarisierenden Welt, in der das Körperliche und Geistig-Seelische immer weniger aufeinander bezogen erscheinen."[99] In solchem Sinne wird das Greifen der Hände als ein Be-Greifen des jeweiligen Sachverhaltes verstanden: Wissensaneignung erfolgt mit und durch den Körper und nicht ausschließlich mit Hilfe des Verstandes.[100] Kükelhaus kritisiert vehement die herkömmliche Wissensaneignung in unserer Gesellschaft: "Daher rührt Kükelhaus' Abneigung gegen Bücherwissen, gegen Erkenntnis, die in Archiven und Festplatten gespeichert ist, die schon durch die Art der Speicherung zum Ausdruck gibt, daß so mit meinem Körper nichts zu tun haben

---

[99] Elmar Schenkel: Das Greifbare. Überlegungen zu Hugo Kükelhaus. In: Zeitschrift 'Info 3'. Die etwas andere Zeitschrift zum Thema Anthroposophie. Frankfurt, Heft 11/1993, S.7

[100] ebd. S. 4

will."[101] Solches wird als "halbiertes Wissen, dem jede Verankerung in den Sinnen abhanden gekommen ist"[102] bezeichnet.

Demzufolge kann Wandern als Möglichkeit der ganzheitlichen Wahrnehmung sowohl von Außen- als auch Innenwelt bezeichnet werden. Hier wird nicht nur über Augen, sondern auch über Ohren, Nase, Füße etc. Welt erfahren und aufgenommen. "Also für mich sind z.B. die Morgenstunden da sehr wichtig. Wenn das Licht unheimlich weich irgendwo in den Wald reinfällt, langsam den Boden erwärmt. Und wenn beim Erwärmen des Bodens dann auch verschiedene Gerüche aufsteigen. Eine ganz eigenartige, wunderschöne Stimmung, wo ich dieses Gefühl auch am tiefsten erlebe" (B.N.). Hinzu kommt die Tatsache der Selbsterfahrung in der Eigenbewegung des Gehens: "Und Du merkst auch so im Laufe der nächsten Tage, daß dieses Widersetzen immer mehr einem Lustempfinden weicht, einer Lust am Gehen, am Wandern, an der Bewegung" (R.S.). Das Denken an sich, sprich, das Kreisen der Gedanken um die eigene Person, wird durch die Rhythmik des Gehens gefördert: "Na, am Anfang bin ich wahrscheinlich auch zu schnell gegangen. Da hatte ich noch nicht so ganz abgeschaltet und mich darauf eingestellt, daß ich jetzt unterwegs bin. Mit der Zeit wurde ich aber unheimlich ruhig beim Wandern. Dann habe ich einen unheimlich gleichmäßigen Rhythmus des Gehens. Und dann setzt das in mir so einen Prozeß in Gang, daß ich unheimlich gut nachdenken kann. Ich führe dann halt auch Tagebuch" (Ch.S.). Obendrein ermöglicht der Genuß und die Stille einer Landschaft zusätzlich eine Reduktion des Lebensalltages und eine Konzentration auf die eigene Person. "Ich habe festgestellt, daß die Natur, die löst einfach die ganzen Prozesse in mir aus. Diese Prozesse, daß ich ruhiger werde, daß ich meinen Rhythmus ändere, daß ich ausgeglichener werde. Durch diese Wechselwirkung von einem beruhigenden Umfeld und der Bewegung, die man dabei vollzieht. Vielleicht die Aussicht von den Bergen zu beobachten" (Ch.S.).

---

[101] ebd. S. 6

[102] ebd. S. 6

Insgesamt erhöht Wandern als körperliche Tätigkeit das Erleben und hierdurch gewonnene Wissen seiner Selbst beträchtlich. Wanderer kennen Möglichkeiten und Grenzen ihrer Belastbarkeit genau, erleben ihren spezifischen Tagesrhythmus, spüren die Grenzen ihrer Angst und Möglichkeiten der Freude. Dieses Wissen wird in der Körperbewegung erworben und im Nachdenken über sich selbst reflektiert. "Ja, Du nimmst Deinen Körper nicht mehr so selbstverständlich hin, daß Du also aufstehst und rumläufst. Was also im Alltäglichen Voraussetzung ist. Beim Wandern ist der Körper einfach ein organischer Bestandteil des Lebens. Er ist nicht mehr so selbstverständlich. Und deswegen mußt Du damit auch viel besser umgehen. Das entwickelt sich auch immer. Aber es ist immer am Anfang noch ein Lernen" (L.H.). Dieser sorgfältigere Umgang mit sich selbst und die damit verbundene erhöhte Körperwahrnehmung ist ein ständig zur Anwendung kommendes, also praktisches Wissen. Solches über Bücher zu erfahren erscheint unmöglich. Insofern beinhaltet Wandern situationsgebundenes Lernen und ein Kennenlernen seiner selbst. Wesentliches Element hierfür ist die sog. kinästhetische Erfahrung, das Spüren und Erleben von Eigenbewegung.[103] Gehen und Denken sind als Tätigkeiten nicht mehr zu trennen, sondern bedingen sich gegenseitig: "Die Gedanken laufen halt" (R.S.).

---

[103] über den Begriff der Kinästhesie existiert bisher nur wenig Literatur. Vgl. aber hierzu: Sabine Prill: Zum Strukturwandel der Körperwahrnehmung. Unveröffentlichte Diplomarbeit. Deutsche Sporthochschule Köln 1989.

7.2. Selbstreflexion

*Ein Mensch nimmt sich mit, wenn er wandert. doch ebenso geht er
hierbei aus sich heraus, wird um Flur, Wald, Berg reicher. Auch
lernt er buchstäblich wieder kennen, was Verirren und was Weg ist
und das Haus, das ihn am Ende empfängt, wirkt keineswegs selbstverständlich, sondern als erreicht.*

Ernst Bloch

Aktives Tun des Körpers und dessen gleichzeitiges Erspüren hat inneres –
geistiges – Schaffen zur Folge. Wandern ist ein Vorgang des Aufgebro-
chenseins und des Sich-in-Bewegung-Befindens. Es schließt ein Ange-
kommen-Sein als Zustand des Stillstandes zunächst aus. "Desto länger Du
draußen bist und wirklich nichts mehr mit Deinen eigentlichen Lebensinhalten tun mußt, desto mehr kann diese Aufbröselung stattfinden. Die innere Bewegung wird durch die Wahrnehmung mit den Augen, die sich proportional intensiver draußen gestaltet, genährt" (L.H.). Gemeint ist hier das
Aufgeben von Alltagssicherheiten und das Sich-Einlassen auf neue und
unbekannte Erfahrungen. Solches ist ein äußeres Sich-Ausliefern auf die
Bedingungen eines natürlichen Lebensumfeldes, aber auch ein Prozeß der
inneren Selbstreflexion: "Diese Konfrontation mit dem Müll. Jetzt bist Du
schon draußen. Du beschäftigst Dich jetzt nicht mehr mit etwas Schwierigem, Aggressiven oder Problematischen. Sondern organisierst dieses Wandern, Deinen Schritt, was weiß ich nicht alles.(...) Und dann ist auch ganz
klar, da ist keine äußere Beschäftigung da, keine so wie im Alltag. Also
siegt dieser Müll der mitgenommenen Probleme und Gedanken erst mal"
(L.H.). Der sog. Müll bezeichnet im Zusammenhang dieses Interviews
Dinge, über die während einer Wanderung nachgedacht wird und die aus
dem zurückgelassenen Alltag mitgenommen wurden. Wichtig ist hier das
Verlassen des üblichen Lebensalltags als Moment der Distanz, und die
gleichzeitige Konfrontation mit der eigenen Person, die nie unabhängig
von eben diesem Alltag gedacht werden kann. Solches Befinden während
einer Wanderung bietet als gleichzeitige Distanz und Dasein in sich selbst

Möglichkeiten der Reflexion über die eigene Person und damit zusammenhängende Erlebnisse aus dem städtischen Alltag. "Ja, wie gesagt, unterwegs kommen einem so sehr viele Gedanken, was die eigene Person angeht, was Beziehungen angehen und bezüglich Erlebnissen. Es waren da halt so Probleme, die man in den Urlaub mitbrachte und die noch nicht ausgegoren sind. Man hat halt sehr viel Zeit zum Nachdenken" (R.S.). Im Gehen erfolgt demzufolge eine Auseinandersetzung und Aufarbeitung vergangener Erlebnisse. Hierzu gehört unabdingbar das oben erwähnte Moment der Distanz zu diesen Erlebnissen und gleichzeitig eine unterwegs gegebene Nähe zur eigenen Person in der Bewegung: "Wenn wir uns selbst beobachten, beobachten wir ja immer niemals uns selbst, sondern immer einen anderen. Wir können also niemals von Selbstbeobachtung sprechen, oder wir sprechen davon, daß wir uns selbst beobachten, der wir aber niemals sind, wenn wir uns nicht selbst beobachten und also beobachten wir, wenn wir uns selbst beobachten, niemals den, welchen wir zu beobachten beabsichtigt haben, sondern einen anderen."[104] Bernhard beschreibt hier einen während des Gehens stattfindenden Denkprozeß in der Zweiheit des reflektierenden Menschen. Wandernde Personen sind in ihrer Bewegung sie selbst, und in der Reflexion über die eigene Person ein denkendes Anderes ihres vergangenen Ichs. Somit ist "die Wanderung (...) dem Geschichtlichen selbst verwandt, sowohl in der rückwärts erblickten wie vor allem in der nach vorwärts mitgemachten Abfolge und Reihe."[105] Selbstreflexion bezeichnet dadurch in einem gegenwärtigem Tun stattfindende Auseinandersetzung mit Vergangenem: "Und auch einfach mit sich selber ins Reine zu kommen. Das war auch der Grund, warum ich nach Neuseeland gefahren bin. Weil ich vorher eben eine ziemlich blöde Lebensphase hatte, ich wollte einfach mal wieder zur Ruhe kommen. Das war einfach ein sehr gutes Mittel, um mich wieder auf mich selber zu besinnen" (Ch.S.).

---

[104] Bernhard, 1971, S. 87

[105] Ernst Bloch: Tübinger Einleitung in die Philosophie. Gesammelte Werke Band 2. Frankfurt Main 1970, S. 49

Das Nachdenken über die eigene Person gestaltet sich in seinem Ablauf als Prozeß. In den ersten drei Tagen einer Wanderung sind die Gedanken vorrangig noch rückwärts gerichtet. Erst nach einer gewissen Zeit, die bei jedem Wanderer unterschiedlich lang ist, richtet sich die jeweilige Aufmerksamkeit auf gegenwärtiges Geschehen. In dem zweiten Teil dieses sog. Gedankenprozesses steht das Erleben der eigenen Person in der Bewegung im Vordergrund, dadurch erhält das Nachdenken über sich selbst einen anderen Schwerpunkt: "Ja so nach ein, zwei Tagen, da hört man nur noch auf das, was in der Landschaft ist und in einem selbst innerlich vorgeht. Aber man hört nicht mehr auf das, was man hinter sich gelassen hat" (K.L.). Letzteres ist jedoch nicht vom Zeitraum dieser Anfangstage abhängig, sondern vom Rhythmus des Gehens. Gehen als vorwärtsgerichtete Tätigkeit in verarbeitender Auseinandersetzung mit Vergangenem beschreibt ein inneres Fortkommen des jeweiligen Wanderers. "Und es ist fast so, als wenn Du den Gang finden müßtest, um die physische Geschwindigkeit mit der psychischen, widerwilligen, auszubalancieren. Vielleicht sogar gegeneinander auszuspielen. Vielleicht gibt es wirklich diesen Punkt. Du hast halt noch Müll im Kopf. Und jetzt hast Du eine gewisse Laufgeschwindigkeit, die erlaubt immer noch, daß dieser Müll sich weiter ausbreitet. Und dann findest Du mit der Zeit, vielleicht aufgrund von Ermüdung oder auch Entscheidung, ob Du jetzt langsam oder schnell läufst, Deinen Gang" (L.H.). Alle befragten Personen erwähnten das Erreichen eines sog. ruhigen Punktes nach einigen Tagen. Dieser als Wendepunkt im Verlauf einer Wanderung zu bezeichnende Zeitpunkt erlaubt eine Reduktion und Konzentration der Gedanken auf gegenwärtiges Geschehen. Dies geht einher mit einem in der Anfangsphase sich erst entwickelnden Gleichmaß des Ganges. "Daß Du langsam aber sicher so die Umwelt wahrnimmst. Daß dieser Müll mehr oder weniger untergeht. Die Wahrnehmung drängt sich da vor. Aber nur, oder vor allen Dingen, weil Du die Geschwindigkeit oder meinetwegen den Rhythmus gefunden hast. Der ist bei mir dann aber eigentlich immer konstant. Wenn ich ihn gefunden habe" (L.H.).

Insgesamt wird dieses prozeßhafte Geschehen der Selbstreflexion von Wanderern als "seelische Reinigung" beschrieben, in der "alte Sachen weggeworfen" werden (K.L.). "Ich habe gemerkt, daß für mich mittlerweile am Wandern so das entscheidende ist, dieser Selbstfindungsprozeß, ja Selbstreinigungsprozeß irgendwo. Das ist für mich mittlerweile das wichtigste geworden. Ich habe gemerkt, daß es für mich gar nicht mal so entscheidend ist, tatsächlich ein Land kennenzulernen und zu sehen, also mir Sehenswürdigkeiten anzugucken oder sonstwas" (Ch.S.). Insofern kann Wandern als gehendes Schaffen seiner Selbst bezeichnet werden. Es ist zunächst Rückblick und Bearbeitung vergangener Ereignisse, dann Konzentration und Erleben seiner Selbst im gegenwärtigen Tun. Und schlußendlich finden aufgrund dieses 'Selbstreinigungsprozesses' innere Veränderungen statt, die als Wachstum oder Wandlungsprozesse bezeichnet werden können. "Schlecht wandern, das heißt, als Mensch dabei unverändert bleiben. Ein solcher eben wechselt nur die Gegend, nicht auch sich selber an und mit ihr."[106] Damit beinhaltet Wandern auch die Bereitschaft, sich auf Unbekanntes sowohl im äußeren Umfeld, als auch in der eigenen Person Begründetes einzulassen. Dieses Sich-Öffnen birgt Momente der Wandlung während einer Wanderung und ist Voraussetzung von Kreativität, welche Gegenstand des folgenden Kapitels ist.

7.3. Kreativität und Offenheit

Willst Du ins Unendliche schreiten, so
gehe ins Endliche nach allen Seiten.
J.W. Goethe: Faust

Auch wenn der Begriff der Kreativität zahlreiche definitorische Unklarheiten in sich birgt, bezeichnet er doch "als Grundlage für produktive, originale schöpferische Leistungen (...) im Sinne von Prozessen des Umordnens, Planens, Entwerfens, Erfindens, Entdeckens" die Bereitschaft zu

---

[106] ebd. S. 49

Offenheit und Flexibilität des Handelnden.[107] Der Begriff der Kreativität wird im Zusammenhang mit der vorliegenden Arbeit allerdings recht weit gefaßt und bezieht sich zunächst auf die Bereitschaft und das Vermögen von Veränderungen hinsichtlich der eigenen Person in ihrem Tun. Dies bedeutet in der Regel die Schaffung von etwas Neuem.

Wie äußern sich solcherlei Veränderungen während des Verlaufs einer Wanderung? "Unterwegs entstehen Ideen, mit gewissen Dingen einfach anders umzugehen. Die entstehen während der Wanderung und werden hinterher auch ausprobiert. Da ich auch Kunst mache, hat es etwas mit Kreativität zu tun.(...) Das kreative Moment dabei ist Auslieferung, mich auszuliefern dem unsicheren Terrain. Das ist eine Wanderung immer. Für mich ist das wie ein weißes Blatt, was sich erst langsam füllt" (L.H.). Zwei von sechs Befragten stellten Zusammenhänge zwischen dem Wandern und ihrem kreativen Tun her, sprich, dem Schaffen von etwas Eigenständigem und Neuen. Alle anderen Personen erwähnten zumindest Momente von Veränderungen als Ergebnis ihres Wanderns. Dieses war zumeist Folge ihrer Offenheit hinsichtlich neuer und unbekannter Erfahrungen. Insofern ist Wandern nicht nur eine Rückwendung auf vergangenes Geschehen, sondern auch ein Voraus-Denken und Planen: "Unterwegs entstehen einfach Ideen, mit gewissen Dingen anders umzugehen. Die entstehen während der Wanderung und werden hinterher auch ausprobiert. (...) Und gleichzeitig gab es noch einen Heilungs- oder Erweiterungseffekt, (...) also durchaus einen therapeutischen Aspekt (L.H.). Das Ergebnis hiervon ist inneres Wachstum, ein größeres Wissen um seiner selbst und eine Erweiterung der eigenen Fähigkeiten und des eigenen Könnens: "Ich habe das Gefühl, daß sich so die Grenzen dessen, was ich so selber kann, ausgedehnt haben. Das Vertrauen in das, was ich so kann, daß ich das so selber schaffe ist größer geworden" (B.N.).

---

[107] Friedrich Dorsch: Psychologisches Wörterbuch. Bern, Stuttgart, Wien 1982, 10., vollst. neubearb. Aufl., S. 359

Die während einer Wanderung entstehende Offenheit der betreffenden Personen zeigt sich auch in ihrer Bereitschaft bezüglich des Kennenlernens anderer Menschen. Sämtliche befragten Wanderer schätzen unterwegs die Begegnung mit Anderen. Dies geschieht nicht nur aus Gründen von Einsamkeit und aus einem Kommunikationsbedürfnis heraus. Sondern auch aus der Bereitschaft, sich auf Unbekanntes einzulassen, was einem Kennenlernen fremder Menschen förderlich ist: "Sie würde sowieso ein Abendessen kochen und lud mich dann zu einem wunderbaren Essen ein, wie es bei den Franzosen auch in dieser Einsamkeit und auch auf einer einsamen Hütte üblich ist, mit allen möglichen Gängen. Mit einem Aperitif und Vorspeise, Hauptspeise und Käse und Süßigkeiten und, ja, das war ein unheimlich schöner Abend. Wir haben viel ausgetauscht, ich habe viel von denen erfahren, wie die so leben, was sie so machen" (B.N.).

Der unsichere Verlauf einer Wanderung zwingt die betreffende Person zu größtmöglicher Offenheit und Flexibilität in ihrem Verhaltensrepertoire. Alleinwanderer müssen ständig auf unvorhersehbare Ereignisse, wie z.B. einen Wetterumschwung gefaßt sein. Eine Revision der für die jeweiligen Wandertage gemachten Pläne hinsichtlich Länge und Art der erlaufenen Strecke ist durchaus normal. Diese Flexibilität im Denken kann als eine Erweiterung der Ich-Grenzen beschrieben werden: "Ich hatte das Gefühl, die Grenzen meiner selbst komplett verlassen zu haben. So als würde ich in einem gänzlich fremden Land rumlaufen, wo ich nichts zu beeinflussen vermag" (J.M.). Genau dies ist Voraussetzung für ein anderes Kennenlernen seiner selbst und zur Herausbildung neuer Erfahrungen. Der innere Blick und die Bereitschaft, sich auf neue, unbekannte Dinge einzulassen, erhöht sich hierdurch: "Und irgendwann setzt dann dieses ein, durch die Beschäftigung mit der Landschaft und mit der Wanderung selber. Also mit dem, was Du siehst. Also die Gedanken hören auf, sich vor die Wahrnehmung zu stellen. Und die Wahrnehmung gewinnt halt Raum im Kopf. Und dann ist da ein Wohlgefühl da, aber nicht unbedingt vor dem zweiten Tag" (L.H.)

8. Zusammenfassung und Ausblick

wondering about wandering is like
wandering away in a wonder.

Martin D.

Was bleibt? Wandern kann in den unterschiedlichsten Formen stattfinden. Sei es nun eine Pilgerreise zu einem religiösen Ort, großräumige Völkerwanderungen oder Reisen zu Fuß als Möglichkeit der Naturerfahrung: Wandern ist alltägliche Erscheinung menschlichen Daseins in den verschiedensten Kulturen. Dies zwar berücksichtigend jedoch nicht weiter erläuternd, beschränkt sich die Arbeit auf das Phänomen des Alleinwanderns im Urlaub. Es wurde aufgezeigt, daß im hiesigen Kulturkreis Menschen den Urlaub dazu benutzen können, sich während einer Alleinwanderung auf die eigene Person und die sie umgebende Landschaft zurückzuziehen. Diese Reduktion und Konzentration auf das eigene Ich und eine von menschlicher Zivilisation nur wenig beeinflußten Landschaft wird als prozeßhaftes Geschehen beschrieben.

Dem entsprach auch die gesamte Methodik der Arbeit. Neben der Darstellung von Selbsterfahrungsprozessen gefördert durch die Vorwärtsbewegung des Gehens wurden davon abstrahierend allen Alleinwanderungen gemeinsame Themengebiete diskutiert. Es war nicht Ziel der Arbeit, Alleinwanderungen als Modell pädagogischen Handelns vorzustellen. Sondern es ging um die Beschreibung tatsächlich stattgefundener Selbsterfahrungsprozesse und die Analyse der hierfür günstigen Faktoren. Zentrales Moment ist der Rhythmus des Gehens, der zur tragenden Grundlage von Unsicherheit und Unvorhersehbarkeit einer Alleinwanderung wird. Wanderungen alleine bedürfen einer Bereitschaft, sich auf Unbekanntes einzulassen, sowohl unbekannter Erfahrungen seiner selbst, als auch Erlebnisse in einer bisher unbekannten Landschaft. Solches Erleben eigener Reaktionen auf die Herausforderungen einer Alleinwanderung bietet Möglichkeiten von Wachstum und Erfahrungserweiterung. Die Kombination von Ruhe, vertreten im Gleichmaß des Ganges, mit Unsicherheiten und Ängsten und die daraus begründete Flexibilität wandernder Menschen ist Grundlage möglicher Veränderungen. Die Ungewißheit hinsichtlich des Gelingens einer Wanderung alleine erscheint erträglich durch den als beruhigend erlebten Rhythmus des Gehens. Dieser ist jedoch auch Voraussetzung, sich auf die Suche nach in der eigenen Person begründeten Erfahrungen zu begeben, welches mit "dem eigenem Rhythmus auf der Spur" bezeichnet wird. Gemeint ist hiermit das Erleben seiner selbst in einer der eigenen Person angemessenen Gehgeschwindigkeit und der Orientierung des Tuns an eigenen Bedürfnissen und Wünschen. Rhythmus wird generell als zum menschlichen Leben gehörig verstanden und bezeichnet eine der eigenen Person angemessene Art von Ordnung einer Eigentätigkeit. Dieses kann nur in der Bewegung erlebt werden, ist also mit Hilfe des Körpers gewonnene Selbsterfahrung. Die Tätigkeit des Wanderns ist äußerer Ausdruck innerer Fortbewegung und zugleich Motivation hierfür. Ständige Ortsveränderung verbunden mit einer Änderung des Blickwinkels, des Erlebens unterschiedlichen Wetters, Gerüchen, Panoramen und Landschaften provozieren innere Veränderungsprozesse. Wandern kann, muß jedoch nicht, eine Möglichkeit von Wandlung darstellen. Es fördert in Konzentration auf das augenblicklich Gegebene das Leben im Sein und ermöglicht dadurch im Sinne Fromms ein im Sein befindliches Werden.

Insgesamt kann Wandern als Prozeß beschrieben werden, in dem ein Mensch bei sich ist und dadurch zum Wachstum fähig wird. Solches ist nicht notwendiges Ergebnis einer jeden Alleinwanderung, jedoch Möglichkeit derselben. Wandern fördert die ganzheitliche, körperliche Selbstwahrnehmung eines Menschen und schafft in der tätigen Fortbewegung Grundlage geistig-seelischer Veränderungsprozesse. Jedoch erhält das Wandern für jeden einzelnen Menschen eine höchst individuelle Bedeutung, die in ihrer subjektiven Ausprägung jeweils nur beispielhaft beschrieben wurde. Wandern als Selbsterfahrung trägt weiterhin äußere, verallgemeinbare Voraussetzungen in sich, die in dieser Arbeit mit der Darstellung individuellen Selbsterlebens anhand der Interviews in Kombination mit Fachliteratur dargestellt wurden. Eine weitergehende Studie zum Thema des Alleinwanderns ist zwar möglich, bedarf jedoch anderer Schwerpunkte. So bliebe zu fragen, inwieweit Wandern als Möglichkeit von Naturerfahrungen ökologisches Verhalten fördert und ob dies tatsächlich praktikabel ist. Geeignet wäre hierfür eine empirisch-repräsentative Studie im Zusammenhang mit Naturerleben von wandernden Menschen. Auch gibt es zahlreiche Möglichkeiten, Wandern in spezifischen Zusammenhängen zu erörtern. Das mögliche Betätigungsfeld erscheint diesbezüglich nahezu unendlich, denkt man beispielsweise an Probleme von Migration, Flucht oder Wanderungen aufgrund von Krieg oder Hunger.

Das Bild und die Tatsache der Fortbewegung zu Fuß ist derart weit, daß es zahlreiche Prozesse von Veränderungen und Wandlungen zu beschreiben vermag. Die vorliegende Arbeit verwandte es als Möglichkeit, einen speziellen Teilbereich in seiner sehr beschränkten Erscheinungsform darzustellen und als existent vorhanden zu beschreiben. Dem sei hiermit Genüge getan.

9. Literatur

- Bernhard, Thomas: Gehen. Frankfurt am Main 1971

- Biener, Kurt: Leistungswandern und Sportmedizin. In: SportPraxis 3/89, S.46

- Bloch, Ernst: Tübinger Einleitung in die Philosophie. Gesammelte Werke Band 2. Frankfurt am Main 1970

- Boltz, Herbert: Australische Mythologie. In: B. Wongar: Spuren der Traumzeit. München 1981, S. 135-155

- Borschberg, Edwin: Die Zeit. Vom Mythos zur Ware. Luzern 1987

- Böhme, Gernot: Natürlich Natur. Über Natur im Zeitalter ihrer technischen Reproduzierbarkeit. Frankfurt am Main 1992

- Bresgen, Cesar: Im Anfang war der Rhythmus. Wilhelmshafen, Locarno, Amsterdam 1977

- Buytendijk, FJ: Allgemeine Theorie der Menschlichen Haltung und Bewegung. Berlin, Göttingen, Heidelberg 1956

- Chatwin, Bruce: Traumpfade. München, Wien 1990

- Chatwin, Bruce: Was mache ich hier. München, Wien 1991

- Dorsch, Friedrich: Psychologisches Wörterbuch. Bern, Stuttgart, Wien 1982, 10., vollst. neubearb. Aufl.

- Dossey, Larry: Die Medizin von Raum und Zeit. Basel 1984

- Duerr, Hans-Peter: Traumzeit. Über die Grenze zwischen Wildnis und Zivilisation. Frankfurt am Main 1978

- Eckard, Fritz: Wandern. Berlin 1926

- Eliade, Mircea: Der Mythos der ewigen Wiederkehr. Düsseldorf 1953

- Elias; Norbert: Über den Prozeß der Zivilisation. 2 Bde. Frankfurt am Main 1976

- Euler, Harald u. Mandel Heinz: Emotionspsychologie. Handbuch in Schlüsselbegriffen. München, Wien, Baltimore 1983

- Fontane, Theodor: Wanderungen durch die Mark Brandenburg. Berlin 1862-1882

- Fraisse, Paul: Psychologie der Zeit. München 1985

- Fromm, Erich: Die Kunst des Liebens. Frankfurt 1976

- Fromm, Erich: Haben oder Sein. Die seelischen Grundlagen einer neuen Gesellschaft. München 1976

- Gadamer, Hans-Georg: Wahrheit und Methode. Grundzüge einer philosophischen Hermeneutik. Tübingen 1986[5]

- Geo special: Sahara. 6/92

- Gilligan, Carol: Die andere Stimme. Lebenskonflikte und Moral der Frau. München 1984

- Glas, Norbert: Die Füße offenbaren menschlichen Willen. Stuttgart 1982[2]

- Goethe; Johann Wolfgang: Wilhelm Meisters Wanderjahre. Stuttgart, Tübingen 1821

- Haan de, Gerhard: Natur und Bildung. Perspektiven einer Pädagogik der Zukunft. Weinheim, Basel 1985

- Harrison, Robert P: Wälder. Ursprung und Spiegel der Kultur. München, Wien 1992

- Heiland, Stefan: Naturverständnis. Dimensionen des menschlichen Naturbezuges. Darmstadt 1992

- Klages, Ludwig: Vom Wesen des Rhythmus. Kampen/Sylt 1934

- Klages, Ludwig: Der Geist als Widersacher der Seele. Fünftes Buch. In: Sämtliche Werke Band 2. Philosophie II.

- Kluge, Friedrich: Etymologisches Wörterbuch der deutschen Sprache. 21. Auflage. Berlin, New York 1975

- Kluge, Friedrich: Etymologisches Wörterbuch der deutschen Sprache. 22., völlig neu überarbeitete Auflage. Berlin, New York 1989

- Köck, Christian: Sehnsucht Abenteuer. Die kulturelle Gestaltung der Erlebnisgesellschaft. Berlin 1990

- Lamnek, Siegfried: Qualitative Sozialforschung. Band 1. Methodologie. München, Weinheim 1988.

- Lamnek, Siegfried: Qualitative Sozialforschung. Band 2. Methoden und Techniken. München, Weinheim 1989

- Lewin, Miriam: Psychologische Forschung im Umriß. Berlin, Heidelberg, New York 1986

- Maslow, Abraham H: Motivation und Persönlichkeit. Olten 1977

- Mayring, Philipp: Qualitative Inhaltsanalyse. Grundlagen und Techniken. Weinheim, Basel. 1993

- Mayring, Philipp: Qualitative Inhaltsanalyse. In: Gerd Jüttemann (Hrsg.): Qualitative Forschung in der Psychologie. Weinheim, Basel 1985, S. 187-211

- Nadolny, Sten: Die Entdeckung der Langsamkeit. München 1983

- Pflüger, Peter-Michael (Hrsg.): Rhythmus, Entspannung, Heilung: menschliches Fühlen und Musik. Internationale Gesellschaft für Tiefenpsychologie. Stuttgart 1979

- Rosenlöcher, Thomas: Die Wiederentdeckung des Gehens beim Wandern. Harzreise. Frankfurt am Main 1991

- Salber, Wilhelm: Gestalt auf Reisen. Bonn 1991

- Schenkel, Elmar: Das Greifbare. Überlegungen zu Hugo Kükelhaus. In: Zeitschrift 'Info 3'. Die etwas andere Zeitschrift zum Thema Anthroposophie. Frankfurt, Heft 11/1993

- Schneider, Marius: Was ist Rhythmus? In: Rudolf Bode (Hrsg.): Rhythmus. Zeitschrift für Rhythmische Gymnastik und Erziehung. 1965, Band 38, Heft 2, S. 18-24

- Seidel, Wilhelm: Rhythmus. Eine Begriffsbestimmung. Erträge der Forschung. Band 46. Darmstadt 1976

- Seidel, Wilhelm: Über Rhythmustheorien in der Neuzeit. Neue Heidelberger Studien zur Musikwissenschaft. Bern 1975, Band 7

- Sosinka, Christine: Die Sicherheit in der ehelichen Lebensform. Unveröffentlichte Diplomarbeit. EWZ, Universität Köln, 1993

- Streck, Bernhard (Hrsg.): Wörterbuch der Ethnologie. Köln 1987

- Wandern – Werden, Wesen und Bedeutung. Wilhelm-Münker-Stiftung (Hrsg.) Heft 9. Siegen 1985

- Wilpert, Gero von: Sachwörterbuch der Literatur. 6. erw. Auflage, Stuttgart 1979

- Witzel, Andreas: Das problemzentrierte Interview. In: Gerd Jüttemann (Hrsg.): Qualitative Forschung in der Psychologie. Weinheim, Basel 1985, S.227-255

10. Anhang: Interviewleitfaden

1. Frage nach dem Alter und derzeitige Tätigkeit.

2. Seit wann lebst Du in der Stadt, bzw., hast Du schon mal auf dem Dorf gelebt?

3. Wie bist Du zum Wandern gekommen?

4. Wanderst Du regelmäßig? Was gefällt Dir am Wandern so? Wie kamst Du auf das Alleinewandern?

5. Kannst Du zusammenfassend Deine letzte Alleinwanderung beschreiben?

6. Möchtest Du noch mal alleine wandern? Was hat Dir bisher daran ge- oder mißfallen?

7. Das Wandern ist in seinen einzelnen Schritten eine rhythmische Bewegung. Was macht dieser Rhythmus des Gehens mit Dir unterwegs, wie erlebst Du ihn? Wie ist das mit der Langsamkeit?

8. Was gab Dir auf Deiner letzten Wanderung Sicherheit?

9. Wie erlebst Du Deinen Körper unterwegs? Was unterscheidet dieses Erleben zu dem im Alltag?

10. Welchen Stellenwert hat Wandern für Dich in Zusammenhang mit Deinem täglichen Leben?

11. Hat die Erfahrung des Alleinwanderns längerfristige Veränderungen in Deinem Leben zur Folge gehabt?

www.ingramcontent.com/pod-product-compliance
Lightning Source LLC
Chambersburg PA
CBHW022324280326
41932CB00010B/1222